工商管理学者文库

新型城镇化背景下山东省乡村旅游优化发展路径研究

石艳 著

XINXING CHENGZHENHUA BEIJINGXIA
SHANDONGSHENG XIANGCUN LUYOU YOUHUA
FAZHAN LUJING YANJIU

中国财经出版传媒集团
经济科学出版社
Economic Science Press

图书在版编目（CIP）数据

新型城镇化背景下山东省乡村旅游优化发展路径研究/石艳著.—北京：经济科学出版社，2016.11
（山东财经大学工商管理学者文库）
ISBN 978-7-5141-7557-8

Ⅰ.①新… Ⅱ.①石… Ⅲ.①乡村旅游-旅游业发展-研究-山东 Ⅳ.①F592.752

中国版本图书馆 CIP 数据核字（2016）第 304055 号

责任编辑：于海汛　何　宁
责任校对：王肖楠
版式设计：齐　杰
责任印制：潘泽新

新型城镇化背景下山东省乡村旅游优化发展路径研究
石　艳　著
经济科学出版社出版、发行　新华书店经销
社址：北京市海淀区阜成路甲 28 号　邮编：100142
总编部电话：010-88191217　发行部电话：010-88191522
网址：www.esp.com.cn
电子邮件：esp@esp.com.cn
天猫网店：经济科学出版社旗舰店
网址：http://jjkxcbs.tmall.com
北京京鲁数码快印有限责任公司印装
710×1000　16 开　9.25 印张　140000 字
2016 年 12 月第 1 版　2016 年 12 月第 1 次印刷
ISBN 978-7-5141-7557-8　定价：24.00 元
（图书出现印装问题，本社负责调换。电话：010-88191510）
（版权所有　侵权必究　举报电话：010-88191586
电子邮箱：dbts@esp.com.cn）

总　　序

人才历来被看成是社会进步、组织成长的重要竞争力来源，甚至有人将组织的竞争等同于人才之间的竞争。但是，人才不是一个孤立的概念，人才不能脱离组织的目标而独立存在，一个人是否是人才取决于其满足组织需求程度的高低。同样，人才能否满足组织的需要、能否发挥其应有的作用也不是孤立的，它受组织结构、机制、环境等多方面因素的影响。建立人才与组织目标之间的有效联系，使组织目标能够更有效地实现，也使人借此能够更有效地成为人才，需要科学的管理机制。研究这些管理机制，帮助组织建立这些机制以充分发挥人才的作用和促进人才自身的发展，是管理学院存在的价值和使命。

山东财经大学工商管理学院成立于2011年11月，由原山东经济学院工商管理学院和原山东财政学院工商管理学院合并组建而成。学院历史悠久，其前身可追溯至1958年山东财经学院成立时的商业系。学院拥有本、硕、博三个办学层次，学科主体设置齐全，人才培养体系科学合理。目前，学院设有工商管理、人力资源管理、市场营销、旅游管理、房地产开发与管理、会展经济与管理6个本科专业；拥有工商管理一级学科博士、硕士学位授予权，有企业管理、人力资源管理、旅游管理、技术经济及管理4个二级学科硕士学位授权点。工商管理专业为国家级特色专业，人力资源管理专业为山东省省级特色专业；企业管理学科为"十二五"山东省省级特色重点学科，并拥有该学科"泰山学者"特聘教授岗位。山东财经大学管理创新研究院（山东省人才发展研究中心）、山东财经大学职业生涯教育研究中心挂靠本学院。

山东财经大学工商管理学院是一个研究平台、合作平台、服务平台和成长平台。学术研究是学院的立身之本，合作是开展工作的主要途径，服务是学院的主要运作方式，教师和学生的成长是学院追求的目标。学院将致力于促使人才发挥其最大价值的管理机制研究，致力于人才成长的科学规律研究，致力于发现人才、培育人才、使用人才的有效途径研究，开展与国内外高校、研究机构、政府部门、企事业单位的广泛合作，以合作聚集研究力量，以合作提升研究水平，以合作推广研究成果；学院将致力于管理与服务，以服务繁荣学术研究，以服务协助政府决策、以服务促进企事业单位的发展、以服务成就人才，最大限度地促进教师和学生的成长，充分发挥学院的价值作用。

为鼓励学院教师积极从事高水平科研工作，促进学院学科建设水平，提高科技创新水平和服务社会能力，扩大学院在国内外的学术影响，依据《山东财经大学工商管理学院学术专著出版资助管理办法》，对学院在职在岗的中青年教师提供专著出版资助，并委托经济科学出版社出版。在此感谢经济科学出版社吕萍女士的支持和辛苦工作！

让我们共同努力，以创新务实的工作态度、勤奋刻苦的工作作风、团结协作的工作方式，实现管理学院的价值和使命！

山东财经大学工商管理学院

2013 年 12 月 19 日

前　　言

乡村旅游是城镇化的产物，随着我国城镇化进程的不断加快，回归乡村、享受田园逐步成为人们内心的普遍诉求，这种诉求催生了乡村旅游的产生、发展与壮大。但是，在商业资本和商业思维大量进入农村、给农村带来发展的同时，也带来了巨大的破坏，这种破坏不仅仅是环境上的，更有文化上的破坏，"千村一面"带来乡村味道的淡化、乡村质感的消失。在做乡村旅游规划的过程中，众多学者深切地感受到"城乡脱节"带来的矛盾与无奈。我们一边在城市中想象"千里莺啼绿映红"的美好，一边却不得不面对乡村的萧条与衰落。我们一边在电脑上描绘乡村美丽的规划蓝图，一边又不得不面对因为种种限制规划方案无法变成现实的尴尬。

2012年12月中央经济会议指出"积极稳妥的推动城镇化"，从此拉开了新型城镇化建设的序幕。由于旅游的综合性产业特征以及强大的动力效应，决定了它在新型城镇化进程中，会形成巨大的推动作用，以旅游为引导的新型城镇化模式也因此备受学界和业界的关注。

山东是传统农业大省，自20世纪80年代在全国率先开发乡村旅游项目以来，凭借优良的资源条件和区位优势，目前已经形成了一定产业规模，并在全国具有一定的影响力。但从整体来看，山东省乡村旅游仍停留在"吃农家饭，住农家院，采农家果，享农家乐"的初级阶段，难以摆脱"有人气，无财气"的尴尬境地。

新型城镇化背景下，按照《山东省乡村旅游业振兴规划》和《山东省国民休闲发展纲要》的总体部署和要求，规划和建设具有多样化功能的现代乡村，改变自发性、零散化的乡村旅游业态，已经成为山东省乡村旅游发展提升档次、升级换代的迫切需要。

本书在梳理乡村旅游与城镇化互动关系的基础上,通过分析山东省乡村旅游发展的基底条件和面临的外部发展环境,寻找新型城镇化背景下山东省乡村旅游发展的依托和动力;研判山东省乡村旅游发展过程中的问题,寻求解决对策;构建山东省重点区域乡村旅游发展的空间结构和产品体系;探寻乡村旅游发展的"山东模式"和制度保障,推动山东旅游业转型升级,提升"好客山东"大品牌。

本书创新之处在于:第一,将产业融合理论、泛旅游产业理论、价值链理论、全域旅游理论应用于乡村旅游研究中,进一步丰富了乡村旅游发展的理论基础。第二,将城镇化建设和旅游业紧密结合,探讨旅游引导的新型城镇化道路。第三,理论应用于实际,融入山东省乡村旅游发展的典型案例,探寻新型城镇化背景下山东省乡村旅游发展的新模式。

石　艳

2016 年 8 月

目 录

第1章 绪论 ·· 1
   1.1 研究背景与意义 ·· 1
   1.2 国内外研究现状 ·· 3

第2章 乡村旅游概述 ·· 7
   2.1 乡村旅游概念界定与主要内容 ··· 7
   2.2 国外乡村旅游发展模式 ·· 13
   2.3 国内乡村旅游发展模式 ·· 18
   2.4 乡村旅游的发展趋势 ··· 22

第3章 乡村旅游与城镇化的互动关系 ···································· 24
   3.1 城镇化与乡村旅游相互促进 ·· 24
   3.2 城镇化对乡村旅游的负面影响 ··· 28

第4章 旅游引导的新型城镇化模式研究 ································ 30
   4.1 新型城镇化解读 ·· 30
   4.2 旅游引导的新型城镇化模式 ·· 32
   4.3 新型城镇化背景下的乡村旅游 ··· 45

第5章 山东省乡村旅游发展实践 ··· 56
   5.1 山东省乡村旅游现状 ··· 56

5.2 山东省乡村旅游发展困境与存在的问题…………………… 64

5.3 山东省乡村旅游发展面临的机遇…………………………… 69

5.4 山东省乡村旅游实践………………………………………… 77

第6章 新型城镇化背景下山东省乡村旅游优化发展路径……………… 81

6.1 乡村旅游理念升级…………………………………………… 81

6.2 以旅游小镇为主导进行乡村旅游产品升级………………… 88

6.3 推出乡村旅游新业态………………………………………… 101

6.4 培育乡村旅游大品牌………………………………………… 108

6.5 "互联网+"让乡村旅游更智慧……………………………… 121

6.6 乡村旅游运营管理模式创新………………………………… 125

6.7 推动乡村旅游标准升级……………………………………… 129

6.8 结语…………………………………………………………… 130

参考文献……………………………………………………………… 132

第1章

绪　　论

1.1　研究背景与意义

1.1.1　研究背景

随着我国城镇化进程的不断加快，回归乡村、享受田园逐步成为人们内心的普遍诉求，这种诉求催生了乡村旅游的产生、发展与壮大。同时，传统的城镇化模式经过几十年的快速扩张后，带来了资源大量消耗、空间过度集中、经济结构失衡、环境严重污染、社会矛盾激化等一系列问题。在传统城镇化的强大冲击和吞噬下，资源、市场、文化逐渐从乡村向城市偏离，对乡村旅游的负面影响逐渐显露。

新型城镇化是现代化的必由之路，是解决"三农"，即农业、农村、农民问题的重要途径（中央城镇化工作会议，2013），也是乡村旅游发展的有力支撑。城镇化进程的加快在带动乡村旅游发展的同时，产生了一些值得反思的理论问题和亟待破解的现实困境。乡村旅游作为新常态下乡村经济发展新的增长点和有效解决"三农"问题，促进乡村转型升级和乡村城镇化的重要支撑产业，其理论研究也将面临诸多更加复杂的科学问题。新形势对乡村旅游发展提出了新要求，同时也对乡村旅游研究提出了新要求。

在当前中国经济社会转型背景下，把握乡村旅游发展的新特点，将有利于拓展旅游学术研究对旅游发展实践的洞察力、预见力和指导力。如何通过乡村旅游提质增效升级，引导具备条件的乡村走以旅游为导向的中国特色新型城镇化道路，实现城乡旅游互补和协调发展，既是国家和区域发展的重大战略需求，也是业界和学界面临的挑战机遇和重要研究方向。

乡村旅游供需两旺，是山东省旅游业的突出特点和优势。多年来，山东省市政府在政策、资金等方面给予乡村旅游发展大力支持，走在了全国前列。2013年起，山东省全面启动全省乡村旅游规划，连续组织三批千名乡村旅游带头人到台湾地区培训，带动全省600多个村改造提升，新建成85个高端乡村旅游项目，策划推出十大乡村旅游品牌，并大力推行"改厨改厕"工程推动基础设施建设，取得了较好的效果。但同国内乡村旅游发达地区相比，仍有一定的差距。大力发展乡村旅游是促进新型城镇化、美丽乡村建设的有效路径，是推进精准扶贫的重要手段，也是山东省旅游业全域发展、加快转型升级的必然要求。

1.1.2　研究意义

1. 理论意义

随着乡村旅游的发展及其理论研究的加强，国内学者已在乡村旅游的概念界定、乡村旅游规划与产品开发、乡村旅游感知与行为、乡村旅游影响、乡村旅游文化保护、乡村旅游土地利用、乡村旅游利益相关者与社区参与、乡村旅游与社会主义新农村建设、乡村旅游发展路径与模式、乡村旅游可持续发展等方面取得了较为丰富的理论研究成果。但是，目前对乡村旅游应用性案例分析和重复性研究居多，理论性创新探索和批判思考较少；以定性化描述分析为主，定量化方法应用薄弱；单学科分散性局部研究较多、多学科融合性系统研究薄弱。

深入探究和解决新型城镇化背景下乡村旅游发展的相关科学问题，无疑会丰富乡村旅游研究的理论内涵；探索以旅游为导向的新型城镇化道路和模式，对破解中国乡村旅游发展面临的困境，更好地发挥旅游业在促进乡村经济发展、生态文明、文化繁荣、社会稳定、就业惠民和城乡统筹发展等方面的作用，科学引导乡村城镇化和乡村旅游的规划、建设和可持续发展具有重要的理论意义和应用价值。

2. 实践意义

近年来，山东省省委省政府高度重视乡村旅游的发展，全省形成了合力发展的大格局。但囿于当地经济发展水平、乡村旅游开发思路等方面的局限，各地乡村旅游发展参差不齐。规划设计不完善，开发模式单一，缺乏特色及创新能力差等都滞碍了山东乡村旅游品牌的发展及延伸。

山东省旅游资源丰富，文化内涵深厚，区位条件优越，发展乡村旅游具有得天独厚的基础。新型城镇化的提出，给乡村旅游的发展带来了更多的发展机遇。在此背景下，探寻山东省乡村旅游转型升级路径，构建乡村旅游发展的"山东模式"和制度保障，对于推动山东旅游业发展都具有现实意义。

1.2 国内外研究现状

1.2.1 国外相关研究

国外乡村旅游的研究，主要集中在乡村旅游的概念、乡村旅游的影响、乡村旅游服务与管理、旅游动机、偏好与满意度、乡村旅游产品以及乡村旅游的网络营销等各个方面，从宏观到微观、从理论到实践形成了较为系统成熟的研究成果。沙普利（Sharpley，2002）对塞浦路斯乡村旅游的发展情况进行研究，提出缺乏财政支持和对乡村旅游从业人员的培训、缺少设施是该地区乡村旅游发展的障碍，因此长期而稳定的资金与技术支持是实现其可持续发展的重要因素。罗伯塔·麦克唐纳德（Roberta MacDonald，2003）的研究表明传统和文化是乡村旅游可持续发展的宝贵资源。克莱尔唐（Claire Haven Tang，2012）以 Adbenta 公司开发的蒙茅斯郡的领袖项目为个案进行分析，并最终认为领导力在创造乡村旅游企业竞争力和提升乡村旅游品质方面有重要作用。亨德森（Henderson，2012）采取定性的研究方法，对伊朗当地一个很受游人欢迎的村庄进行调查发现，当地居民认为利用自然和文化资源发展旅游的消极影响大于积极影响，并认为社区参与是实现伊朗乡村旅游持续发展的重要路径。由于国外发达国家基本已进入工业化社会后期，且早已实现城市化，城乡二元制问题并不突出，因此对城市化与乡村旅游二者之间的辩证关系研究较少。但国外学者普遍认为城市化在一定程度上影响到乡村旅游的发展，一方面带来了巨大的旅游需求；另一方面城市化对乡村的发展空间、乡土文化、生态环境等都造成一定程度的冲击。

1.2.2 国内乡村旅游研究现状

我国乡村旅游经过近三十年的发展，国内对其的研究也随着乡村旅游的发展不断深入与完善。主要集中在以下几个方面：

1. 乡村旅游转型升级研究

国内学者对乡村旅游转型升级研究集中在理论研究和实证研究两方面。胡敏（2009）指出转型乡村旅游专业合作组织将推动我国乡村旅游的产业升级。徐福英等（2010）较全面地分析了乡村旅游转型升级的背景包括政策导向、经济环境变化、产业自身发展阶段及旅游需求变化，并从产业、产品、市场、专业合作组织、人才培养和引进分析了乡村旅游转型升级存在的主要问题，并针对这些问题提出了建议。一些学者还从不同的角度对乡村旅游的转型与升级进行了实证研究，李玉新等（2012）对山东的寿光、蓬莱、长岛三地进行了案例研究，认为促进产业协作、统筹城乡发展，可以有效地促进乡村旅游转型。郑耀星等（2013）从生态文明的角度，提出融入生态理念进行开发、树立生态品牌、延伸产业链、制定生态标准、倡导生态服务理念等实现转型升级的策略。刘战慧（2012）将韶关市作为一个研究点，结合韶关市的实际，从实施体验式开发、增值价值链、催生新业态等方面归纳了乡村旅游转型升级的路径选择。刘孝蓉（2013）认为传统农业与乡村旅游的产业融合有利于推动乡村旅游的转型升级。

2. 城乡统筹与乡村旅游发展研究

我国由于历史原因城乡二元结构问题突出，国家提出了城乡统筹发展战略，而实践证明发展乡村旅游对实现城乡统筹具有重要意义，因这方面的研究较为丰富。国内学者普遍认同乡村旅游是实现城乡统筹的重要途径。马波（2011）还进一步指出农民参与的关键作用，建议通过制度建设保障农民的利益。汪宇明（2011）指出伴随着中国经济社会转型，乡村旅游除了实现增加农民收入外，还将承担包括文化建构、社会建构、生态文明建构的重要使命，因此乡村旅游发展重在质量建设。

3. 城镇化建设与乡村旅游发展研究

蒙睿等（2002）通过分析认为乡村旅游与西部城镇化存在着互动关系，并从产品、开发、不同利益主体等方面提出了良性互动的建议。李辉和杨朝继（2004）通过分析城郊型、景郊型和老、少、边、穷型乡村旅游对城镇化进程的影响，提出乡村旅游有助于实现城镇的可持续发展。孔德林和黄远水（2007）提出城市化对于城郊地区开展乡村游存在很大的威胁，主要表现在对城郊乡村旅游资源的破坏性影响。宋子千（2011）认为旅游业可以引领乡村地区的新型城镇化和新型产业化，而这其中环境是第一要义。陆林（2016）认为，在新型城镇化背景下，乡村旅游发展应更加注重战略性、时代性、科技性、文化性和参与性等旅游特性。黄震方（2016）认为必须深化新型城镇化背景下乡村旅游地的文化保护与传承研究，通过乡村旅游文化研究创新为乡村文化保护与传承、乡村城镇化和乡村旅游发展提供理论指导和科学依据。章锦河（2016）认为，应注重乡村生态建设与乡村旅游的有机融合，因地制宜地选择"适合"美丽乡村及生态文明建设的发展道路。苏秦（2016）认为应注重乡村旅游地空间结构优化和突破传统城乡二元空间割裂的束缚，实现城乡旅游空间的有效对接和一体化发展；更加注重乡村地域类型差异性与复杂性，遵循乡村转型和旅游发展规律，因地制宜地探索多样化的乡村城镇化与旅游发展模式；通过推进乡村旅游社区参与，积极探索有效解决"三农"问题的新出路；注重乡村旅游运营管理的创新，完善相关政策制度，为乡村旅游地的产业运营、质量管理和可持续发展提供有力的保障。

1.2.3 国内外研究述评

国内专家学者对于乡村旅游转型升级在理论层面和实践领域的研究已经达到一定规模。但从研究内容上看，从产业融合、乡村旅游合作组织、区域合作等中观角度对乡村旅游转型升级进行系统研究的还较为匮乏；从研究范围上看，针对乡村旅游发达地区的研究占较大比重，而针对乡村旅游欠发达地区的研究相对较少；从研究背景上看，以新型城镇化建设为背景研究乡村旅游的转型升级，目前在学术界的研究还相对匮乏。

目前虽然在乡村地的文化内涵、文化变迁、文化困境、文化重构、文化保护和文化旅游开发等方面形成了一定的研究成果，但总体而言，乡村旅游文化研究仍比较薄弱。未来的乡村旅游研究需进一步深化乡村旅游地文化基因分析和文化价值测度，乡村旅游地文化地域类型与形成机制，城镇化对乡村旅游地的文化影响测度与作用机制，乡村旅游地文化变迁与文化认同，乡村旅游地文化自信与文化涵化，乡村旅游地文化保护机制与模式，乡村旅游地文化恢复与重构，多元共存的乡村旅游地文化生态系统的构建与安全评价、乡村旅游地文化与旅游融合机制与模式，城乡文化旅游一体化协同发展机制等方面的研究，通过乡村旅游文化研究创新为乡村文化保护与传承、乡村城镇化和乡村旅游发展提供理论指导和科学依据。

第2章

乡村旅游概述

2.1 乡村旅游概念界定与主要内容

2.1.1 乡村旅游的概念

国内外学术界对乡村旅游还没有完全统一的定义，主要有以下观点：

西班牙学者吉伯和通（Gilbert and Tung，1990）认为：乡村旅游就是农户为旅游者提供食宿等条件，使其在农场、牧场等典型的乡村环境中从事各种休闲活动的一种旅游形式。

以色列的阿里·瑞切尔和欧迪·罗文格特（Arie Reichel and Oded Lowengart）及美国的阿迪米尔曼（Ady Milman，1999）认为：乡村旅游就是位于农村区域的旅游，具有农村区域的特性，如旅游企业规模要小、区域要开阔和具有可持续发展性等特点。

英国的布拉姆韦尔和莱恩（Bramwell and Lane，1994）认为：乡村旅游不仅是基于农业的旅游活动，还是一个多层面的旅游活动，它除了包括基于农业的假日旅游外，还包括特殊兴趣的自然旅游、生态旅游、探险、运动和健康旅游、教育性的旅游、文化与传统旅游，以及一些区域的民俗旅游活动。

国内有关乡村旅游的定义较多，何景明的定义较有代表性，他认为狭义的乡村旅游是指在乡村地区，以具有乡村性的自然和人文客体为旅游吸引物的旅游活动。乡村旅游的概念包含两个方面：一方面是发生在乡村地区；另一方面是以乡村性作为旅游吸引物，二者缺一不可。

综合以上观点，可以认为乡村旅游是以具有乡村性的自然和人文客体为旅游吸引物，依托农村区域的优美景观、自然环境、建筑和文化等资源，在传统农村休闲游和农业体验游的基础上，拓展开发会务度假、休闲娱乐等项目的新兴旅游方式。

2.1.2 乡村旅游的主要内容

乡村旅游的主要内容包括以下方面：

1. 特色的自然风光

由于乡村所处地理位置及自然地理环境的不同，乡村具有丰富多彩的自然风光，山乡、水乡、海乡、牧乡、平原地区都有自己的特色。另外，由于南北气候差异显著，在乡村自然景观表现上也更加丰富。

2. 风格迥异的民居建筑

由于受地形、气候、建筑材料、历史、文化、社会、经济等诸多因素的影响，乡村民居千姿百态，风格迥异。不同风格的乡村民居建筑，不但能给游人以不同的精神感受，而且还可为游客提供憩息的场所。

3. 多彩的风俗民情

我国民族众多，各地自然条件差异悬殊，各地乡村的生产活动、生活方式，民情风俗、宗教信仰和经济状况也各不相同。我国每个民族中都具有引人入胜的民俗风情景观。这些为旅游者深入领略中华风情，探索人类社会的进化历程，提供了极其丰富的源泉和较高的旅游开发价值。

4. 充满情趣的文化艺术

我国的乡土文化艺术古老、朴实、神奇，如盛行于山东省乡村的舞龙灯、划龙舟、杨家埠年画，以及各种刺绣、草编、竹编、木雕、石雕、泥人、面人等，无不因其浓郁的乡土特色而深受游人欢迎。我国乡村自古以来流传有各种史诗、神话、传说、故事、笑话、铁闻，引人入胜，耐人回味。此外，一些乡村烹饪文化如四川的麻婆豆腐、湖南的臭豆腐、内蒙古草原上的涮羊肉、新疆的羊肉串、莱芜的羊汤、单县牛肉等对广大的外国旅游者尤其具有强烈的吸引力。

5. 富有特色的传统劳作

传统的乡村劳作是乡村人文景观中精彩的一笔，在我国很多边远偏僻的乡村，至今仍保留有古老的耕作、劳动方式，有些地区甚至还处于原始劳作阶段。这些乡村劳作诸如水车灌溉、渔鹰捕鱼、木机织布、石臼舂米、手推小车、赶鸭群、做豆腐、摘新茶、采菱藕、捉螃蟹、牧牛羊，等等，充满了生活气息。正因为如此，它们会使当今现代文明影响下的旅游者产生新奇感，并为之吸引。

2.1.3 乡村旅游七大要素

基于乡村旅游的特征，在传统意义上"食、住、行、游、购、娱"六大旅游要素基础之上，乡村旅游应增加一个"品"字，形成了乡村旅游的七要素。

1. 食——传统地道乡菜

寻求安全健康的食品源，品尝地道纯正的农家饭，是绝大多数游客到乡村旅游期望得到的最主要的核心需求之一。目前国内的农家饭菜呈现出食材新鲜、烹制手法传统简单、用餐环境田园化等特点，但也存在着产品大多同质化，整体服务水平不高的问题，整体品质需系统提升。

农家餐厅的未来发展方向应该是"定位主题化、管理专业化、菜品特色化、服务品质化"。每个农家餐厅要有自己研发的特色招牌菜品，这是餐厅运营的核心竞争力。此外，还要深度参与体验，可以让顾客在农家餐厅的种植养殖基地里，订养几只溜达鸡、黑毛猪，领养一棵苹果树，认耕一块小菜地，自己动手做个菜，大家一起来烧烤……最终要在品尝纯真自然味道的同时，提供清洁、优雅的用餐环境，温馨、细致的服务以及创意的用餐方式,忠于传统超越传统。

2. 住——拙朴野奢乡居

住宿感受是乡村旅游度假中的一个重要环节,人们在这里会比较关注以下几个问题:安全的居住环境;良好的隔音效果;舒适的室内温度、湿度;宽大舒服的床和质地讲究的床上用品;在尽短的时间内洗上热水澡,水量要足够大;良好的通风设施。

来乡村旅游度假的大多是都市居民,他们长期生活在城市,对于各种宾馆酒店的客房非常熟悉,而到了郊野乡村,他们更希望得到的是一种非都市化的睡眠感受:整体建筑风格要乡村化并自然地融入周边景观,或是石头城堡,或是泥草农舍,或是小木屋,或是青砖灰瓦,一至两层、小体量、庭院式,与都市的高楼大厦有明显的差异,每个小建筑都是与周边环境协调统一、自然质朴的艺术品。从装饰设计、环境布置、物品摆设、电器配置,到员工服饰、布草消耗品、馈赠小礼品,都应处处体现乡村特色和自然生态、低调奢华的品质感。在房间装饰中适当地融入文化概念,提炼主题元素,与乡村旅游的整体市场定位吻合。最终,要形成与众不同的睡眠体验,回归自然的睡眠空间。

3. 行——绿色生态乡径

将绿色、生态、环保的出行理念植入产品设计中,使行走艺术化,满足四肢的运动神经,让消费者尽情地放松,体验双脚带给自己的快乐。环保出行的理念不只表现在交通工具上,更要延伸至消费者的思维中,进行碳交易、里程计算等游戏,最终达到带着幸福的记忆行走,在行走中感受新的幸福。

4. 游——美丽乡村田园

在乡村原有景色的基础上,经过安排展示出自然之美,或恬静唯美的乡间小路,或奔放热闹的村边小河,抑或是布满青苔但温馨整洁的村屋,经过修饰与包装,使其特色真正的流露出来,引导消费者领略美丽的乡村田园。但对修饰与包装的方式、方法要有艺术性和贴切性,在增添服务的同时,不能破坏自然之美。

5. 购——安全健康农产品

带有泥土气息的农产品是到乡村旅游者最喜欢的购物对象，其代表着安全、健康和营养，但现在大部分农产品存在着包装粗糙，销售环节简单的问题。让消费者感受到农场主生产出的农产品更有特色，一是生产过程健康有机，提供自然资源循环体系，展现对大自然生态平衡的尊重；二是以分级包装诱导消费者，展示出农产品高贵之美，让消费者体会大自然的恩赐。

6. 娱——农趣活动参与、农耕文化体验

作为人类与土地之间一根割不断的脐带，农业活动筑就了人们"淳朴、和善、谦卑"的优良品质，春耕、夏种、秋收、冬储，提供了人类社会亲近自然法则的极大可能。因此在休闲农场项目中需要设置具有故事性的活动，如举办"农夫的一天"真人秀、村里劳模大赛，进行推独轮车、插秧、剥玉米、挑水、挖土豆、拔萝卜、捡鸡蛋等比赛，使久居城市的人们真正体验农耕快乐。将农业文化与休憩完美结合，即淳朴自然又生动有趣，这种具有农业特色和差异化明显的软性产品是乡村旅游中最为重要的部分。

7. 品——健康生活方式

身体健康、心理健康已经是人们关注的热点，更多的人愿意为了健康花费金钱和时间。因此吃健康安全食品，定期健康检查，经常保健理疗，外出旅游舒缓压力等已成为人们生活中的重要部分。由此而衍生的各种行业和服务犹如雨后春笋，大批涌现。在保障安全和健康的同时，在产品设计中更多的将健康生活的理念灌输给人们是乡村旅游的第七个核心要素。使每个游客在休闲的过程中，在想法和理念上有一种质的提升，培养更为宽广的胸怀，从而让自己和其他人的生态环境更加优美、生活物资更加丰盈、生产能力更加强劲。

2.1.4 发展乡村旅游的意义

作为农业大国，"三农"问题、国家政策等在我国乡村旅游产生及

发展过程中起了不可忽视的推动作用。乡村旅游作为连接城市和乡村的纽带，促进了社会资源和文明成果在城乡之间的共享以及财富重新分配的实现，并为地区间经济发展差异和城乡差别的逐步缩小、产业结构优化等做出很大贡献，推动欠发达、开发不足的乡村地区经济、社会、环境和文化的可持续发展，可以说乡村旅游对于加快实现社会主义新农村建设及城乡统筹发展具有重要意义。

1. 发展乡村旅游有助于社会主义新农村建设

我国《国民经济和社会发展"十二五"规划纲要》明确提出"利用农业景观资源发展观光、休闲、旅游等农村服务业"，明确了乡村旅游的"观光、休闲"产品定位与"农村服务业"的产业定位。

乡村旅游作为利用农业和农村资源开发的一种综合性旅游产品，将第一产业和第三产业有机融合，并进一步吸引第二产业的渗透，完善乡村基础设施建设，改善乡村生产、生活环境，实现乡村社会和经济发展资金的多渠道筹集，在改变我国乡村传统经济模式、提高农业经济效益、增加农民收入、改善乡村生活环境、提高农民生活质量、推动乡村生产力发展、优化产业结构调整等方面发挥了重大作用，已经成为我国转变乡村经济发展方式，建设社会主义新农村和构建和谐社会的新途径。

2. 提高农业的比较效益

发展乡村旅游可以拉长产业链条，改变传统农业仅仅作为"生产车间"的角色，融生产、流通、交换、消费于一体。在增加国民收入方面，其发展是与其他行业相辅相成的。因此，在农村大力发展旅游乡村旅游，不仅可以增加国民收入和农民收入，还可以促进农村相关产业的发展，从而推动整个农村经济的快速发展。

3. 增加就业机会

乡村旅游属于劳动密集型产业，就业成本低，是一门综合性很强的涉及多部门、多行业的产业，需要有"一条龙"的行业和部门为之配套服务，除了大力发展农业以外，可以带动交通、运输、饮食、邮电、商业以及纪念品生产等相关行业的发展。这不仅促进了经济振兴，而且为充分利用农村劳动力开辟了新思路。

4. 优化产业结构

乡村旅游改变了我国传统农业仅仅专注于土地本身的大耕作农业的单一经营思想，把发展的思想拓展到关注"人—地—人"和谐共存的更广阔的背景之中。通过农业和旅游业的相互渗透，提高土地利用率，形成新的特色产业，打破第一、第二、第三产业的界限，不仅直接对农业本身的发展起推动作用，且作为先导产业，会带动加工业、金融业、保险业、服务业和交通运输业的发展，从而带动整个产业结构的调整和优化。

2.2 国外乡村旅游发展模式

国外乡村旅游发轫于19世纪中期的欧洲。1855年，法国参议员欧贝尔带领一群法国贵族来到巴黎郊外的农村地区进行乡村度假活动。通过参加这次乡村度假活动，这些贵族们重新认识到了大自然的魅力和价值，这次度假也让他们从城市里那种精密、封闭的"鸽笼"中解脱出来，实现了回归自然、亲近自然、重温历史的愿望。这次度假活动还加强了他们与当地农民的交往，增强了他们之间的友谊，进而增进了城市居民与乡村地区农民的相互了解。这次乡村度假活动，对西方乡村旅游的兴起产生了重要影响，也具有划时代的意义。

20世纪50年代，乡村旅游目的地开发因其在市场中的巨大潜力和在乡村重建中的社会、文化、经济作用，成为国外乡村研究和旅游研究的共同热点，并成为世界旅游组织所关注的焦点。20世纪90年代以前，急于摆脱乡村衰落困境的发达国家将乡村旅游作为改变乡村经济结构的重要途径；90年代中期以后，伴随乡村经济的发展和生活条件的改善，国外乡村旅游目的地开发呈现不同的模式，包括集旅游服务与农业生产于一身的法国的绿色农庄、以色列农业联合体"基布兹"、美国的乡村牧场、西班牙的农家宾馆等。

21世纪以来，国外在资源与环境可持续发展的高度下展开乡村旅游目的地的建设，英国制订了休闲农作与生态旅游发展计划；美国通过各级政府下属乡村旅游委员会提供扶持基金，并联合农业协会组织来促进乡村旅游目的地开发经营；法国政府则从农业发展战略高度定位乡村旅游，加大扶持力度，实现了繁荣农村小镇、克服农村空心化现象的发展目标。目前，乡村旅游在发达国家已具有相当的规模，走上了规范化发展的轨道，积累了许多成功的经验。

2.2.1 英国乡村旅游

英国乡村旅游发展比较早，兴起于20世纪六七十年代，18世纪英国造园家柯伯比力提·布朗设计了独特的庭园风格，形成了"英国乡村庭园"，在以后的不断发展过程中英国逐步形成了特色的休闲乡村旅游。

英国政府对乡村旅游给予了大力的财政与政策支持，政府每年都会投入大量的资金来改善基础设施建设，其中农业、渔业与食品部也按照计划对一些乡村旅游景点的开发给予资金支持，向农场主提供资金并让农场主对其进行乡村经营与管理，改善和保持田园生态景观等乡村自然景观，以促进乡村旅游更好、更快速地发展。

英国乡村旅游的特点可以概括为以下几点：第一，政府干预很少，而是通过对乡村旅游给予大量的财政和政策进行支持；第二，英国乡村旅游坚持农业主体地位不动摇，农业和旅游产业相结合，拥有较规范的乡村旅游经营管理体制以及运行标准；第三，为了更好地促进乡村旅游的发展，其乡村旅游开发模式采用景点与景点相联合、互补的模式，强化并完善了英国旅游规划系统。

2.2.2 法国乡村旅游

法国是传统的农业国家，拥有良好的农业基础，而且其旅游比较发达，处于世界领先地位，良好的农业基础和发达的旅游为法国乡村旅游的发展奠定了一定的基础。法国的乡村旅游已经成为当地人们生活中不可或缺的一部分，当地人们拥有较大的农场，并且人们喜欢在农场中进行每个活动，法国每个农场都具有自己独特的产品，游客可以享受农场的美食，还可以购买当地特色的农产品。法国乡村旅游活动主要有九个系列项目，包括农场客栈、狩猎农场、露营农场等。游客除了可以进行传统的垂钓、参观传统建筑、骑自行车、野地散步、参加地方狂欢节等活动外，还可以做划船运动、打高尔夫球、进行骑术训练等。法国乡村环境优美、空气清新、拥有特色的农产品，并且法国历史悠久、拥有深厚的文化底蕴，这些原因使法国的乡村旅游吸引了大量的游客。法国政府每年会组织一次为期两天的"欢迎莅临农场"博览会，为游客提供更多的乡村旅游信息，以吸引更多的乡村旅游者。政府为了确保乡村旅游的高质量对其加强了管理，与此同时政府还对乡村旅游的发展进行资金支持，通过银行信贷以及政府补贴等措施鼓励农户发展特色的乡村旅馆。目前全国有 1.6 万个农庄推出了乡村旅游活动，并有 33% 的居民选择到乡村度假，乡村地区每年接待的国内外游客约为 200 万人次，乡村旅游收入约占旅游总收入的 1/4。

法国乡村旅游的特点可以概括为以下几点：第一，法国乡村旅游的开发非常尊重当地农户的意愿，政府进行引导，对农户进行资金与政策支持，并且采取"政府+协会+农户"的运行模式；第二，法国乡村旅游的发展模式即政府干预机制与市场经济相结合；第三，法国推行乡村旅游产品认证制度，树立乡村旅游产品品牌形象。

2.2.3 日本乡村旅游

日本开发乡村旅游始于 20 世纪 70 年代，但近些年才真正大规模发展。近年日本农业外受经济贸易自由化、内受农业人口高龄化的压力，不得不在开拓农业的观光休闲功能、提高农业的多项效益上找出路，频频推出故里观光、假日亲子团、游牧农场生活体验等休闲活动。到目前为止，日本乡村旅游模式主要有三种：观光型农业，即设立菜、稻、果园，吸引游人参观体验，其实质是农业与旅游业的结合；设施型农业，即在一定区域范围内运用现代科技与先进的农艺技术，建设现代化的农业设施，一年四季生产无公害农副产品；特色型农业，即通过有实力的农业集团建设一些有特色的农副产品生产基地，并依托先进的科技进行深层次开发，形成在国际市场具有竞争能力的特色农业。

但是，日本耕地原本十分有限，随着城市化的扩张加速，开发建设占地越来越多，使可耕地变得更加稀缺；从事乡村旅游劳动的劳动力日益减少，且严重高龄化，农村城市化与工业化步伐不断加快，各种公害日趋严重，绿化覆盖率锐减，极大地破坏了生态环境。这些因素都限制了乡村旅游的进一步发展。

日本乡村旅游呈现以下特点：第一，日本政府给予乡村旅游开发大力的财政支持，在进行乡村旅游开发和规划时，日本对原有的遗址进行了开发与修复，促进乡村旅游的发展；第二，日本的乡村生产加工、科技研发、休闲农业都体现了日本农园式农业；第三，农户在乡村旅游开发过程中起到了重要的作用。

2.2.4 美国乡村旅游

美国地域辽阔，农村人口比较少，并且拥有许多大农场，游客可以参与自采瓜果蔬菜等体验式项目，以及绿色食品展、垂钓比赛、乡村音乐会等特色的旅游项目。美国在发展乡村旅游的过程中政府也给予了大力的财政和政策支持，例如，联邦政府管理局为促进乡村旅游有序发展制订了乡村旅游贷款计划，另外政府还制定并出台了相关的法律法规，为乡村旅游的发展给予法律的支持。大部分农场主主动学习对乡村旅游的经营管理等方面的知识，提高自己对乡村旅游经营管理水平，还创新乡村旅游的内容和项目，以吸引更多的乡村旅游者。

美国乡村旅游的特点可以概括为以下几点：第一，美国各级政府对乡村旅游都有系列的扶持政策，同时美国的非营利性组织，即国家乡村旅游资金也对乡村旅游的发展给予了支持；第二，美国农场主对乡村旅游进行了很好的经营管理，促进了乡村旅游更好、更快地发展；第三，美国乡村旅游还采取了节会营销的方式，进一步拓宽了美国乡村旅游的市场。

2.2.5 德国乡村旅游

德国发展乡村旅游取得成功的主要原因是实施市民农园，由政府或农民将位于都市或近郊的农地出租给城市居民，以种植花草、蔬菜、果树或经营家庭农艺，目的是让市民体验农业生产经营过程，享受耕作的乐趣。1919年，德国制定了市民农园法，确定了市民农园的现在模式。1983年，政府对市民农园法进行了修改，提出都市中必须有农园提供给市民，达到每10户居民就拥有1个市民农园。在这个过程中，德国市民农园的作用也发生了变化，20世纪80年代以前，主要起为市民提供农副产品的作用，进入80年代以后，旅游观光功能才越来越明显。

2.2.6 国外乡村旅游发展经验借鉴

国外乡村旅游发展较早，市场规模较大，发展较为成熟，乡村旅游的供给模式和经营管理创新，可参与程度高，附加价值大，许多成功的经验值得借鉴。

1. 加大财政政策的扶持力度

首先，各级政府应充分发挥在融资中的主导作用，建立多元化的投资机制，积极鼓励全社会投资，形成多元化的投资格局，尤其是对发展乡村旅游的基础设施建设进行投资。其次，政府相关部门应制定政策，出台相关法律法规，并根据旅游总体工作方案，制订乡村旅游发展的工作计划。

2. 注重乡村旅游品牌塑造

全面树立乡村旅游品牌形象，在节庆活动等专题中推荐农家乐等乡村旅游活动，积极引导人们参与体验乡村旅游项目活动。通过各种方式对乡村旅游品牌的各种相关信息进行宣传，如乡村旅游特色资源，乡村旅游特色品牌产品，乡风民俗等，把品牌文化向各领域延伸，用品牌来保证质量。

3. 培育乡村旅游产品的多元化和特色化

具有多元化、特色化的乡村旅游产品才能吸引更多的旅游者。要根据各地特色的乡村旅游自然资源、环境、民俗风情开展各种乡村旅游项目，重视乡村旅游产品的多元化与特色化。将自然资源、乡村风光与民俗文化、乡村艺术相融合，提升旅游产品的附加值，让旅游者真正体验乡村民俗和乡土风情，体验到乡村旅游的情趣。

4. 采用"农户+协会+政府"的供给模式

借鉴国外乡村旅游"农户+协会+政府"的供给模式，促使乡村旅游的发展更科学、更可行、更规范。依托特色乡村旅游自然资源景观和人文资源景观，向游客提供观光、休闲、体验型等服务。乡村旅游协会可以给当地的农户提供相关的旅游知识和经营管理知识，给予农户建议，对农户进行培训，为旅游者提供专业化服务，从而提升乡村旅游的质量。

5. 完善乡村旅游管理体系

乡村旅游相关部门制定发展乡村旅游的标准以及运行规则，做好对乡村旅游的管理工作，如服务质量、特色项目、安全管理、基础设施、环境保护等，推进乡村旅游的可持续发展。

2.3　国内乡村旅游发展模式

我国是一个传统农业大国，拥有丰富的农业资源和悠久的农耕文化，发展乡村旅游具有有利的条件。我国乡村旅游兴起于20世纪80年代末90年代初，90年代之后有了较快发展，目前，乡村旅游已经快速成长为区域发展的热点和重点。2014年末国内乡村旅游的数量达12亿人次，占全国游客人数的1/3，乡村旅游收入达3200亿元，占国内旅游总收入的10%，乡村旅游实际完成投资2612亿元，同比增长60%，黄金周期间，全国城市居民乡村出游比例约占70%，乡村旅游已经成为旅游业新的增长点。

2.3.1　成都三圣乡"五朵金花"

1. 发展状况

成都是中国乡村旅游发源地，成都三圣乡农民有种花习俗，乡政府因势利导，以花卉产业为载体，政府主导规划建设，利用上百家"农家乐"的优势，大力发展具有三圣乡特色的新型乡村旅游，具有花卉生产销售、旅游观光和休闲娱乐等功能。充分挖掘三圣乡花文化内涵，将全乡资源开发与特色文化旅游景区建设紧密结合，铸造了三圣乡乡村旅游的"五朵金花"，即"幸福梅林"——冬季梅花、"东篱菊园"——秋季菊花、"荷塘月色"——夏季荷花、"江家菜地"——四季皆宜菜花和"花乡农居"——春季鲜花。三圣乡乡村旅游的"五朵金花"促进了花卉产业与旅游业相结合，为将成都打造成国际化大都市创造了条件，实现了三圣乡乡村旅游产业的优化升级。

2. 发展模式

三圣乡乡村旅游的"五朵金花"采取政府主导、社会参与、企业经营的发展模式，政府对乡村旅游的发展给予了大力的扶持，如进行财政资金扶持，并且政府相关部门统一规划乡村旅游的发展，打造具有地方特色的农家乐品牌，实现三圣乡乡村旅游的专业化、规模化以及产业化。除政府进行财政投入之外，也引进了大量的社会资本，例如，来自澳大利亚的合资公司——澳世瞩远投资有限公司对乡村旅游的发展进行了投资，打造全国规模最大的梅花观赏基地，改善了农村环境，促进了城乡一体可持续化发展。同时农村集体参与"五朵金花"的打造，增加了农民的收入，促进了农村经济的发展，让农民从中得到了实惠。

3. 经验启示

第一，政府高度重视发展农家乐。政府给予了大力的财政支持，政府相关部门加强引导，制定相关规划，推进乡村旅游健康有序的发展。第二，以文化提升产业。充分挖掘三圣乡的花卉文化资源，变单一的农业生产为集旅游、休闲、观光、体验为一体的乡村旅游活动，形成产业规模，促进产业的升级。第三，品牌化经营。"五朵金花"的品牌效应，吸引了大量的人流、物流以及资金流，依托自然景观以及历史文化资源，打造具有地方特色的"农家乐"品牌，开发特色的旅游产品，以品牌塑造形象，进行有效的品牌营销。

2.3.2 贵州天龙屯堡乡村旅游

1. 发展状况

天龙屯堡古镇位于贵州省西部平坝县，拥有明代的遗存屯堡村落，具有深厚浓郁的历史文化，为其乡村旅游增添了无尽的魅力。人们对旅游的需求促进了贵州天龙屯堡乡村旅游的发展，基于优美的自然风光，依托独特的历史文化资源发展乡村旅游。

2. 发展模式

贵州天龙屯堡乡村旅游发展模式是"政府＋企业＋旅游协会＋旅行社"模式，各方各尽职责，角色清晰。企业负责或参与乡村旅游经营管理、营销推广等商业运作，使当地的农产品、食品、物资等带动相关产业发展，招募当地村民到企业就业，并且组织一些节庆活动和表演等；旅游协会负责组织各类活动及服务，导游角色扮演、为游客提供住宿餐饮等服务、组织村民参与表演，并协调企业、旅行社与农民之间的利益关系，充分发挥旅游协会在政策宣传和建议、协调关系、培训、宣传促销等方面的作用；旅行社则负责开拓市场，组织客源。贵州天龙屯堡乡村旅游模式有效地促进了其乡村旅游的发展，旅游产业链中各环节的优势得到了充分的发挥，乡村旅游参与主体共同协作、各尽职责，并且给农民提供了就业机会，最大限度地保护了当地历史文化的原真性，增强了当地居民的自豪感，更好地促进了当地乡村旅游的快速发展。

3. 经验启示

第一，把握旅游产业链中的各环节，充分发挥各环节优势。政府、企业、旅游协会以及旅行社各尽职责，由政府组织全盘把握，企业、旅游协会和旅行社协作，农民广泛参与，各方面的协调配合也更完善。第二，树立乡村旅游特色品牌形象。充分利用明代遗存的典型屯堡村落的特殊优势，对历史文化遗产进行保护和开发，同时加强民族文化的挖掘，保护好优美自然环境，为乡村旅游的可持续发展奠定良好的基础。

2.3.3 台湾地区乡村旅游

1. 发展状况

20世纪60年代末，台湾地区农业发展滞后，受到快速发展的商业和工业前所未有的竞争。台湾加大了对农业发展的扶持，如调整农业结构，加快农业转型，改变农业单独发展的情况，融合第一、第二、第三产业，使其得到综合快速发展，发展休闲农业、旅游农业等在内的农业服务业。70年代后期，台湾农业走出了滞后的局面，并且得到了发展，与此同时出现了观光农园，即通过开放农园为游客提供农产品。80年代后期，观光农园进一步发展成为休闲农业，与观光农业相比休闲农业具有更丰富的内容，不仅提供农产品，而且在游客享受田园风光之时，为游客提供休闲娱乐的休闲区，充分融合了农业和旅游业的发展，增加了农民的收入、提高了农业的效益、扩大了农业和旅游业的发展、促进了台湾农村经济的快速发展。

近年来，台湾乡村旅游得到了快速的发展，突破了传统农业的范围，充分的融合了台湾各地丰富的自然景观资源、人文景观资源和乡村历史文化景观旅游，综合经营旅游和餐饮，为游客提供了一个很好的休闲、娱乐、观光的休闲区。台湾乡村旅游融合了农业与休闲旅游业的发展，其休闲活动项目丰富多彩，如农庄民家、农园体验、乡土民俗等。

2. 发展模式

台湾地区乡村旅游的发展过程中当地政府起主导作用，"农委会"对获得农委会审批通过的休闲农业区给予财政和政策支持，补助教育农园、宣传等。在台湾，农民作为乡村旅游的经营主体，"农会"等"农民合作社"对农民进行培训，给予资金支持，为乡村旅游发展提供全面服务。

3. 经验与启示

第一，农业与旅游业紧密融合。依托台湾当地丰富的历史文化资源，民俗艺术，如雕刻、手工艺品、地方舞蹈、戏剧、音乐等将传统与现代很好地结合在一起，打造特旅游，提升乡村旅游的知名度，提升休闲农业的品位，促进产业升级。第二，相关部门给予大力支持。相关部门对其发展给予了大力扶持，促进了台湾乡村旅游持续发展。第三，对乡村旅游的经营者和管理者进行专业知识培训，倡导创新的经营管理理念。

2.4 乡村旅游的发展趋势

随着乡村旅游从1.0到4.0模式的迅速发展演变，近几年围绕乡村旅游提出很多原创新概念和新理论，如游居、野行、居游、诗意栖居、第二居所、轻建设、场景时代等，这些新概念的提出使乡村旅游内容丰富化、形式多元化，有效缓解了乡村旅游同质化日益严重的问题。未来乡村旅游的发展呈现以下趋势特点：

2.4.1 从乡村观光到乡村生活的质变

国内的乡村旅游经历了从1.0时代到4.0时代，每一个时代它都有它不同的特点。1.0时代是乡村旅游的萌芽阶段，产品形式主要以农家乐采摘为主；2.0时代进入乡村休闲了，除了吃农家饭、住农家屋外，还要相应的配套的旅游服务和旅游项目；3.0时代是乡村度假时代，就是把一个村子当做一个景区来建设，把一个村子当做一个度假区，或者把一个村子当成一个精品的度假酒店进行建设的这样一个时代；在中国经济比较发达，或者说旅游产业比较发达的地区，出现了另外一种业态，叫乡村生活的时代，即乡村旅游4.0时代。大量的乡村创客融入乡村、住在乡村，建设了乡村，乡村就成为目的地了，不只是短暂的停留而是生活在乡村，发展为一个休闲生活的圈子。从整体来看，乡村旅游在经历了"吃农家饭，住农家院，采农家果，享农家乐"的初级阶段后，必然要向着更高的方向发展，摆脱"有人气，无财气，叫好不叫座"的尴尬境地。

2.4.2 乡村客源市场多元化

一般情况下,乡村旅游的市场主要是周边城市居民,但随着乡村旅游提质升级,高端旅游项目打造,高铁沿线、高速公路两侧、机场附近的乡村旅游项目要充分考虑省外、入境游客的需要。要针对不同客源半径和市场需求,包装产品,开展网络、电视等不同形式的市场营销,开拓市场。

2.4.3 乡村旅游业态新颖化

随着旅游者消费需求的不断提升,乡村旅游的档次将出现质变,以乡村度假别墅和乡村旅游地产为业态的旅游形式将成为乡村旅游的新亮点,成为休闲度假接待的主要设施。分时型乡村度假产品目前在国内逐渐出现了比较好的发展模式,称之为"分时分权"度假模式,其中典型代表是重庆美尔和山东蓬达 CPE 度假,他们的主要特点为分时分权一体化,即拥有分权时,同样也拥有了分时度假的服务结构。

2.4.4 乡村旅游供给智慧化

从爱尔兰、葡萄牙、澳大利亚等国外乡村旅游的成熟发展经验来看,未来乡村旅游的发展将变得越来越智慧,越来越"非农村化"。随着智能手机、平板电脑等智能移动终端的快速普及,游客对旅游资讯获取的及时、准确以及方式或途径的多样性需求,变得越来越突出。因此,乡村旅游建设在优化资讯网站功能、增强服务信息交互的同时,还需要在旅游目的地引入一些智能化服务实施,以迎合这种新型旅游趋势和丰富游客体验方式。乡村体验农具的智能储管箱、度假屋的客房智能感应系统、游客体验影音回放系统、游客记账式消费管理系统、电子票单等预订服务系统,这些在国外已经成熟应用的信息化系统和智能化解决方案将使得乡村旅游目的地的服务更具有人性化、现代化。

第3章

乡村旅游与城镇化的互动关系

乡村旅游是城镇化的产物。在解决"三农问题"、推进城镇化发展和建设社会主义新农村的过程中,如能合理利用农村自身资源优势,开发乡村旅游,激发农民的自主性和创造性,不失为推进城镇化建设的一个良策。因此,如何做好旅游开发这篇大文章,使旅游业成为农村经济发展的一个重要支撑点,已成为农村推进城镇化建设的新亮点。

随着我国城镇化进程的不断加快,回归乡村、享受田园逐步成为人们内心的普遍诉求,这种诉求催生了乡村旅游的产生、发展与壮大。另外,传统的城镇化模式经过几十年的快速扩张后,带来了资源大量消耗、空间过度集中、经济结构失衡、环境严重污染、社会矛盾激化等一系列问题。在传统城镇化的强大冲击和吞噬下,资源、市场、文化逐渐从乡村向城市偏离,对乡村旅游的负面影响逐渐显露。

3.1 城镇化与乡村旅游相互促进

3.1.1 城镇化对乡村旅游的促进作用

城镇化是人们的政治、经济、文化等社会活动向特定空间集聚的过程,这个过程中,农业人口比重下降,工业、服务业人口比重上升,人口和产业向城市集聚，生产方式、交换方式和生活方式向规模化、集约化、市场化和社会化发展。城镇化是一个国家、一定地域文明现代化的标志，其本质是农村人口与经济活动要素的非农化及集聚。简单地说，就是实现农业人口的非农化。

首先，乡村旅游的目标市场是大城市。大城市人口密集，生活空间狭小，环境质量下降，城市越来越成为脱离自然的"孤岛"，越来越多的人希望回归自然、观赏自然、享受自然。假日里有限的城市公园和风景区人满为患，已不能满足人们对休闲和旅游的心理要求，需要到郊外农村寻求新的旅游空间。

其次，在旅游业的发展中，旅游者的可出入性是关键，而城镇是一个地区的交通中心，城镇化的发展有利于改善交通条件，从而促进乡村旅游业的发展。

最后，城镇是乡村旅游的后勤保障地、理想的旅游目的地，如果要使游客达到满意的理想状态，至少应具有以下的机构和设施：管理处、接待中心、旅游信息中心、客房、餐厅、购物中心、生活服务和生活用品修理店、照相器材专卖店和修理点、银行、邮电局、少年儿童寄托中心、派出所、急救中心、汽车修理厂……很显然，这不是也不该是一般乡村所能具备的条件。但为了旅游活动的正常开展，上述条件又是必需的，因而依托城市的存在就成了乡村旅游顺利开展的有力保障。

3.1.2　乡村旅游对城镇化发展的推进作用

大力发展乡村旅游可以推进城镇化建设。旅游业在提高农业收入的同时，也促进了旅游目的地的发展，使旅游目的地逐渐向现代化迈进。城镇化从某种意义上说，就是通过产业结构的调整，使农民改变以前的传统生活方式和生存方式，同时把城市管理体制中的相对成熟的经济管理制度、社会保障制度、文化意识、信息手段、生活方式等先进的现代理念引入农村，从而实现农村资源使用效用的最大化。因此，在实现乡村城镇化的过程中，至少应包括以下最基本的方面：提高农民收入、增加就业机会、改善运输、医疗、教育等农村的基础设施建设、提高农民的思想素质教育。而大力发展乡村旅游业对以上这些项目都有显著的提高作用，同时也就促进了城镇化的发展。

1. 增加就业机会，提高农民收入，为城镇化打下丰厚的物质基础

乡村旅游的开发能够改善我国的"三农"现状、提高农民生活质量、增加农民收入、促进农业稳定发展、为农村剩余劳动力提供广泛的就业机会。随着乡村旅游的展开，将吸引大批农民从事纪念品、工艺品等商品的加工制造和提供与旅游六大要素直接或间接相关的服务。另外，乡村旅游大部分是农民利用闲置的房屋和生产资料进行的经营活动，具有投资小、风险小、经营灵活等特点，有利于农民开发经营，就地增加劳动收入。由于旅游产品大多数在当地销售，这就为各种农副产品带来了新的消费群体、消费市场，有效地解决农副产品找不到市场"卖不出钱"的难题，也解决了部分农产品运销层次多的问题，避免运销商的中间盘剥，实际上等于增加了农家收入，增加了农民就业的机会。同时农民不但能够在最短的时间内得到现金收入，而且可以最直接地得到消费者的信息，对产品进行开发或改进，实现增收。由于旅游业是关联带动性强、拉动内需明显的新兴产业。乡村旅游业的蓬勃兴起和迅速发展，引导和吸引大量农民参与和直接从事旅游接待服务，有效地实现农村富余劳动力就业和向非农领域转移，加快广大农民脱贫致富步伐，已日益成为农村经济新的增长点。以昆明西山区团结彝族白族乡为例，过去是一个典型的"生产靠救济、吃粮靠返销、花钱靠补助"的贫困山区乡，通过发展"农家乐"乡村旅游，参加旅游接待服务的农户占全乡总农户数的18%，从事旅游接待服务的人数占全乡劳动力的26%，户均旅游收入3万元左右，最高的超过10万元，乡村集体旅游年总收入达1700多万元。

2. 改善农村的基础设施建设，为城镇化的发展提供了条件保障

乡村旅游为了吸引更多游客，必须改造村民居民环境，抓好景区各项基础设施建设。为了开发自然景观和人文景观，需要配套建设道路、住宿、餐饮、水电、通信、管理、防护等服务设施从而吸引大批从业人员，也使大量农民因而进镇落户。乡村旅游景区以"四通（路通、水通、电通、信息通）、四改（改水、改厕、改圈、改垃圾堆）、一化

（绿化）"为目的，努力改善农村人居环境，使农村脏乱差状况从根本上得到治理，生态环境、人居环境明显改善。因而通过发展旅游经济，逐步实现农村水电道路通达、村庄美化、庭院绿化、厕圈卫生、垃圾无害、基础设施完善，等等。以距广西桂林市中心108公里的恭城瑶族自治县为例，昔日是个经济欠发达的贫困县，经过20年的生态农业建设，探索出了"养殖—沼气—种植"三位一体的生态农业发展模式（简称"恭城模式"）。"恭城模式"催生了当地以生态工业和以生态农业旅游产品为中心的乡村旅游，正在形成"养殖—沼气—种植—加工—旅游"五位一体的现代生态农业发展模式。恭城生态村的榜样——红岩村，成为恭城发展生态农业旅游经济的一个典范。红岩村2003年开始发展生态农业旅游以来，推行"人畜分离，规模养殖，集中供气，统一管理"的沼气建设理念和模式，兴建了43栋具有现代文明设施的乡村别墅，有客房170间，床位340张。还修建了瑶寨风雨桥、滚水坝、梅花桩、旅游登山道、停车场等旅游设施。

3. 提高了农民的思想素质，为城镇化的发展提供了人力资源

实现农村城镇化、农民市民化的转化，其内在特征是要实现农民思想、文化、价值观的转换。我国传统农民有着纯朴、善良的美德，但小农式的生产方式和封闭式的生活状态又使他们具有保守、僵化和迷信的思想和价值观念。一些乡村由于受自然条件的影响，在地域上表现出内陆性、边缘性和封闭性的特征。农民生活方式传统、思想观念封闭、文化水平低下，限制了经济的发展。因此要实现农民思想、文化、价值观念的转换，必须提高农民自身素质，加强科学、文化教育和现代价值观的教育。大力发展乡村旅游，有利于提高农民的整体素质，推动农民的观念转化。发展乡村旅游的收获还在于农民思想意识的变化，真正意义的脱贫是经济脱贫加上文化脱贫。旅游的发展一方面，要求农民要有一定的经营管理能力，这就促使农民尽量多学知识，以提供优质的旅游服务；另一方面，旅游必然带来地区的开放，也由此引入了现代文明和先进文化。随着大量旅游者的来访，新的信息、观念和文化也不断涌入，在碰撞、交流和融合中，人们的视野会更加开阔，思想会更加解放，观念会更加创新，也会因此走向更加文明。随着人口素质的提高，为城镇化的实现提供了充足的人力资源保障。

总之,乡村旅游的开展促进了城镇化的进程,而城镇化的进程又为发展乡村旅游开拓了空间,二者之间是作用与反作用的互动关系。乡村旅游是加强城乡居民感情沟通、体验乡村劳作、了解风土民俗、领略田园风光和回归自然的最佳方式之一,迎合了新世纪绿色旅游、生态旅游的大趋势,具有广阔的发展前景。

3.2 城镇化对乡村旅游的负面影响

乡村旅游是城镇化的产物,随着我国城镇化进程的不断加快,一方面,回归乡村、享受田园逐步成为人们内心的普遍诉求,这种诉求催生了乡村旅游的产生、发展与壮大;另一方面,传统的城镇化模式经过几十年的快速扩张后,带来了资源大量消耗、空间过度集中、经济结构失衡、环境严重污染、社会矛盾激化等一系列问题。在传统城镇化的强大冲击和吞噬下,资源、市场、文化逐渐从乡村向城市偏离,对乡村旅游的负面影响逐渐显露。

3.2.1 现代化对乡村生态和景观的破坏

城镇化过程中必然会伴随和追求现代化,现代化的役使必然招致人工化,乡村旅游在规划设计、建筑形式和材料、管理服务等方面往往模仿城市,去农化现象严重,既对乡村旅游资源和环境造成一定的破坏,同时也削弱了乡村旅游的吸引力。旅游在一定程度上具有反现代化的倾向,一方面,旅游业对生态环境高度依赖,从景观与生态层面来看,乡村旅游应具备"小尺度的微观生态,田园化的生态景观,保证自然生态环境的原始性、人文生态环境的特色性、人与自然关系的和谐性";另一方面,乡村旅游者的出游目的是寻求真实的乡村景观和乡村文化,以此逃避喧嚣、快节奏的城市生活。可见,城镇化过程中所追求的现代化与旅游的反现代化要求之间的冲突往往持续存在。

3.2.2 过度商业化对乡村文化的冲击

商业化贯穿了城镇化的始末,它既是城镇化的最为原始的动力之一,也是巩固和转化工业化成果、实现城镇可持续发展的保障。作为经济性产业,旅游业需要适度商业化,但旅游业的公共属性特征,又拒绝过度商业化,而乡村旅游的反商业化特征更为显著。在乡村旅游的发展过程中,旅游业过度商业化的结果导致农村传统的生产劳作方式逐渐消失、浓郁的乡村节庆和传统工艺被逐渐遗忘、乡村朴素的民俗民风不断淡化,多年积淀传承下来的乡间语言、服饰、生活方式、价值观念被城市文化冲击和同化,和乡村旅游者的出游动机有较大偏差。

乡村性及其所决定的乡村意象共同构成了乡村旅游发展的核心吸引力,但在城市化、工业化的进程中,乡村性已经受损,乡村旅游的干扰可能加剧这种趋势,这对乡村及乡村旅游的可持续发展提出了严峻的挑战,如何回归那一个宁静致远的乡村意境是乡村旅游发展必须考虑的一个问题。面对乡村快速的变革与发展,所谓的乡村性的保护亦只能对特色资源型乡村进行保护,这就牵扯到特色资源型乡村的乡村性指标的确定及评价标准的建设。另外,即使资源特色型的乡村因其乡村性的侧重点不同,也决定了我国乡村旅游开发模式的不同,更为重要的是需要乡村基层政府清醒的对特色资源型乡村资源价值的认知,给乡村发展一个科学而长远的导向,以使乡村及乡村旅游真正的可持续发展。

第4章

旅游引导的新型城镇化模式研究

城镇化进程的加快在带动乡村及其旅游产业发展的同时,也带来了环境质量下降、乡村文化受损、旅游同质竞争、土地利用错位等一系列问题,必须进行深刻的理论反思并寻求困境突破。新型城镇化是乡村现代化的必由之路,也是乡村旅游发展的重要机遇和有力支撑。大力发展乡村旅游,科学引导乡村地域城镇化,是中国新型城镇化和乡村经济社会发展的重大现实需求和重要科学命题。

4.1 新型城镇化解读

4.1.1 新型城镇化的提出

近十几年来,伴随社会主义市场经济的快速发展和经济的高速增长,我国城镇化进程逐步加快、城镇化水平日益提高。我国的城镇化水平以每年1%以上的速度提升,从1978~2011年,城镇人口从1.72亿人增加至6.9亿人,城镇化率从17.92%提升至51.27%。

与此同时,在我国的城镇化进程中仍然存在诸多矛盾,如城镇体系发展不协调、大城市人口过度集中,资源环境承载力受到严重考验,小城镇建设遍地开花,相同职能类型的城镇重复建设,同时广大农村地区建设滞后。城镇化进程对资源消耗过大，对环境生态的破坏严重。城镇化速度与产业结构演进不协调、产业与居住配套不合理，各类产业园区、工业园区建设无序，既浪费珍贵的土地资源，又使生态环境恶化、同时园区的生活配套功能缺少，城市功能布局不合理等。城镇化速度太快，新增城市人口的社会保障、教育、医疗、养老等配套需要健全，失地农民的补偿安置问题尚需改进等。

这些矛盾阻碍了我国城镇化进程，妨碍了城镇化的健康发展，有悖于和谐社会以人为本的主旨。因此，我国必须走一条符合国情、具有创新精神的新型城镇化道路。在此背景下，党的十八大报告提出，要坚持走中国特色新型城镇化道路。

4.1.2 新型城镇化内涵

城镇化是我国发展的一个大战略，城镇化不是简单的城市人口比例增加和面积扩张，而是要在产业支撑、人居环境、社会保障、生活方式等方面实现由"乡"到"城"的转变。2012年中央经济工作会议从城镇化质量方面出发，强调积极稳妥推进城镇化，着力提高城镇化质量，构建科学合理的城市格局。城镇化是扩大内需的最大潜力所在，大中小城市和小城镇、城市群要科学布局，与区域经济发展和产业布局紧密衔接，与资源环境承载能力相适应。要把有序推进农业转移、人口市民化作为重要任务抓实抓好。要把生态文明理念和原则全面融入城镇化全过程，走集约、智能、绿色、低碳的新型城镇化道路。

新型城镇化是以新型工业化为动力，推动城市现代化、城市集群化、城市生态化、农村城镇化，走科学发展、集约高效、功能完善、环境友好、社会和谐、个性鲜明、城乡一体、大中小城市和小城镇协调发展的城镇化建设路子。新型特色城镇化是以人为本，城乡统筹的城镇化，其模式是以新型产业化为核心动力。新型城镇化，就是把城镇化本身的过程与解决过去城镇化出现的问题的纠偏方案结合起来，推进更加公平高质量高效率的城镇化，主要解决以下问题：

1. 市民化问题

近年来中国的城镇化发展较快，但"市民化"速度相对较慢，被统计为城镇人口的群体中，仍有 2.5 亿农民工无法享受与城镇居民平等的公共服务待遇，此外还有 7000 万城镇间流动人口也面临着公共服务差距。新型城镇化必须解决好"农民"变"市民"的问题。

2. 城乡统筹问题

快速城镇化造成重城市、轻农村，"城乡分治"的问题，推动农村经济社会科学发展，是统筹城乡发展面临的重大课题。新型城镇化要着力破解城市内部二元结构难题，带动内需扩大和就业增加。

3. 生态文明下的城镇化问题

改革开放以来，以工业化为依托的城镇化出现了环境污染严重、生态系统退化等诸多情况，党的十六大以来，在科学发展观指引下，生态文明建设摆上重要议事日程，党的十八大报告首次专章论述生态文明，必须把生态文明建设放在突出位置。

4. 就地城镇化问题

城镇化不是"摊大饼"，而是一直积极稳妥推进城镇化，推动大型城市、中型城市、小型城市、新农村社区等整个城镇体系更加合理。新型城镇化要解决好农业产业、农村经济、增加农民收入、完善农村基础设施、发展农村社会事业等"三农"问题。

4.2 旅游引导的新型城镇化模式

在城镇化进程中，由于旅游的产业特征以及强大的动力效应，决定了它在这一进程中，会形成超越一般行业的特殊效应，对区域运营中的产业集群化及新型城镇化发展，形成巨大的推动作用，也因此形成了旅游引导的新型城镇化模式。

4.2.1 旅游经济的综合效应

旅游不仅仅是一种单一业态，也不单单是一个行业，而是一种社会经济系统,即旅游经济。中国的旅游发展,不是景区与市场对接这么简单,而是政府高度重视、驾驭区域整体协调规划发展、并结合企业市场化运营的结果。

旅游在区域经济社会发展中,形成了超越一般行业的特殊效应,对新型城镇化发展形成了巨大的推动作用,表现为旅游的三大动力效应与四大社会效应。

1. 旅游的三大动力效应

旅游产业的经济本质,是以"游客搬运"为前提,产生游客在异地进行终端消费的经济效果。这一搬运,把"市场"搬运到了目的地,游客在此,不仅要进行旅游观光等消费,还涉及交通、饮食、娱乐、游乐、运动、购物,等等,进一步可能涉及医疗、保健、美容、养生、养老、会议、展览、祈福、培训等非旅游休闲的延伸性消费。通过游客的消费,目的地的消费经济及相关产业链发展就被带动起来了。

(1) 直接消费动力。旅游的直接消费,包括交通、餐饮、住宿、门票、娱乐、购物、休闲,等等,成长极快。我国是人口大国,在人均GDP超5000美元,进入中等收入国家之后,旅游消费支出能力与意愿增强,旅游人口大幅度增长,这是世界旅游历史上最大规模和最快增长的市场。旅游的直接消费,带动相关产品供给,形成"出游型消费经济",带来巨大拉动效应,对经济、就业、税收等有很大的贡献。

另外,旅游通过搬运将市场需求与市场供给做了很好的匹配,因此在一些偏远地区,旅游业的经济功能得到了更多的体现,在消除贫困、平衡经济发展方面做出了积极贡献。

与此同时,旅游属于劳动密集型行业,就业层次多、涉及面广,对整个社会就业具有很大的带动作用。目前,我国旅游直接从业人数已超过1350万人,与旅游相关的就业人数约8000万人,占全国就业总人数的10.5%。

(2) 产业发展动力。旅游不同于其他产业,综合性强、关联度大、产业链长,能够产生更加深远的带动作用。这主要在于其产业要素为复合型架构,包括了交通、餐饮、娱乐、游乐、观光、购物等服务性以及旅行车船、旅行装备、旅行服装、旅游酒店配套用品、旅游纪念品制造等生产性两种不同性质的产业类别及多种要素。每一要素,都能单独构成一个很长的产业链,在泛旅游产业整合的架构下,形成产业集群化发展。据联合国统计署的具体测定:旅游业拉动的相关行业达110个,旅游业对各行各业的贡献率可以量化,对住宿业的贡献率超过90%,对民航和客运的贡献率超过80%,对文化娱乐产业的贡献率达50%,对餐饮业和商品零售业的贡献率超过40%。

(3)城镇化动力。以旅游为主导,整合农业、商业、文化、运动、会议、康疗、养老等相关产业所形成的泛旅游产业结构,为城镇化的发展提供了产业基础,而旅游带来的消费,直接推动了城镇化的发展:旅游要实现市场搬运,除了核心吸引物的开发外,同样需要交通、医疗、安全、行政管理等完善的基础设施及服务配套;旅游的产业化发展,必须为滞留游客提供大量的休闲项目,比如温泉泡浴、游乐场、酒吧、餐饮、购物,从而在核心吸引物周边,形成休闲集聚区;旅游者要过夜,就会带来以度假酒店(公寓)、周末休闲的第二居所住宅区、避寒避暑养生养老的度假住宅区(第三居所)等为主的土地开发,另外,还要为旅游从业者提供住宿、为拆迁居民提供安置社区等,由此形成了居住社区的配套开发。

可见,旅游产业的发展已经形成了土地开发、基础设施开发、公共配套开发、居住开发,从而与区域发展和城镇化全面结合,形成了一个"旅游核心吸引区+休闲聚集区+综合居住区+配套服务"的非建制的城镇结构。

2. 旅游的四大社会效应

(1)价值提升效应。旅游能够提升产品的价值,一方面,旅游将消费者带到原产地,使得产品的销售直接面向市场,省略了中间流通环节上的费用,能够按照市场终端价卖出,从而获得了比批发价出售更高的价值,我们称这一部分价值为终端消费带来的价值提升;另一方面,游客在进行旅游消费的同时,还能够享受到不同于一般购物过程的新型体验和服务,使得产品的最终价格高于一般市场上的价格,我们将高出的这部分价值称作体验性消费带来的附加价值提升。

(2)品牌效应。旅游作为一种体验性活动,能将一个城市的文化遗存、非物质文化遗产、民俗风情转变为吸引物,使游客感受、体验,并迅速的传播出去,形成目的地品牌形象,吸引社会大众前来,进行消费、留下记忆。另外,旅游的外向性和美好性,也能提升城市品牌的知名度和美誉度,从而带动整个城市或区域的品牌价值提升,并最终使得城市里的人、商品、资产等的价值得到提升。

(3) 生态效应。党的十八大将生态文明建设放在突出地位,并提出要努力建设美丽中国,实现永续发展。可以预见,今后我国将转变经济发展方式,着力推进绿色发展、循环发展、保护环境的产业结构和生产方式,这对旅游来说是一个难得的机遇。因为旅游是一个审美活动,想要发展就必须保护环境、美化环境、提升环境。另外,旅游产业的能耗比重远少于工业、建筑业、交通运输业等,是低耗能产业。在党的十八大高度重视生态文明建设之后,旅游的生态效应将得到最大化的呈现。

(4) 幸福价值效应。站在科学发展观立场,以追求和谐社会发展为目标,应把旅游产业纳入幸福导向型产业中去。旅游产业,不仅能增加目的地居民收入,还能给旅游者带来视野上的开阔、生活上的享受、精神上的愉悦,从而提高生活质量。2009年末,国务院颁布的《关于加快旅游业发展的意见》中提出,要把旅游产业培育成为让"人民群众更加满意的现代服务业"。2012年,广东省在全国首个发布《培育幸福导向型产业体系行动计划》,并把"休闲旅游"纳入八大幸福导向型产业之一。旅游的幸福效应已经开始慢慢被社会所认识到,并在提升人民的幸福感上发挥着切切实实的作用。

综上所述,可以得出以下结论:旅游不仅仅是一种产业经济,一种城镇化促进经济,还是一种社会综合协调经济。第一,旅游产业,具备带动区域经济社会综合发展的巨大作用,在未来的5~10年内,旅游将会成为中国经济社会保持中高速度增长的动力源之一。第二,旅游产业的带动价值,不仅仅局限于动力源的经济带动,还可以提升幸福指数、增加就业人口、改善生态环境、增加农民居民收入、保护与传承历史文化、提升城市文化品牌、促进城乡统筹等综合社会价值,成为中国未来发展中最具魅力的产业。

4.2.2 旅游在新型城镇化中的作用

新型城镇化的一个重要理念是要"协调"——与工业化、信息化、农业现代化相协调；与人口、经济、资源和环境相协调；大、中、小城市与小城镇相协调；人口积聚、"市民化"和公共服务相协调。旅游强大的动力效应及区域综合发展协调能力，决定了其将在这一进程中扮演重要角色。

1. 以旅游产业为引擎的泛旅游产业集群，是未来城市产业发展的重要基础

产业聚集与聚合，是区域经济发展的主体模式。在后现代社会，现代服务产业和高技术产业的聚集与聚合，已经成为区域经济升级的标志。依托于现代服务产业的城镇化，代表了世界发展的潮流与方向。在中国，以旅游产业为引擎的泛旅游产业集群发展，代表了未来城市产业发展的方向。例如，海南（博鳌、三亚、海口等）、青岛、大连、昆明、张家界的城镇化升级，充分体现了旅游产业带动下的城市新业态与新风貌的巨大效应。

2. 旅游与地产结合，成为城市运营的主要手段

在我国经济社会发展进程中，地方政府面临着产业转型升级的需求，旅游产业作为一种消费性服务产业，成为很多地方的首选。但对于要求高回报率的投资商来说，旅游服务与旅游设施开发项目都是"高投资、低回报、长周期"，并不适合做投资项目。他们看重的是，旅游引发产业集聚后，对周边地产价值的提升。高额的土地一级开发利润和旅游休闲度假房产利润，可以抵消旅游服务与旅游设施项目开发的高成本。有人估算，只需要把旅游房地产开发中盈利的50%用于开发旅游设施与旅游服务，就可以实现盈亏平衡，并引导整个区域进入良性综合开发。

而对于政府而言，拥有旅游资源，或仅仅是有较好生态的区域，只要开发旅游，土地就可获得有效升值，农民参与旅游受益，区域经济获得全面发展，并形成旅游城镇化提升。

于是，政府和投资商基于各自的需要，形成了旅游与地产的对接模式：政府匹配土地，出让土地一级开发的利润，引导和要求投资商在进行地产开发的同时，打造旅游设施与旅游服务。这种旅游开发模式不同于传统的旅游开发，呈现出投资大、档次高、综合性的特征，形成养生社区、度假社区、养老社区、文化小镇、生态商务新城、会展新城等新模式，这实际上就是旅游城镇化的模式。而政府进行旅游综合开发，就是在进行城镇化运营。

3. 旅游是提升城镇化质量的重要因素

城镇化是以产业发展为前提的，旅游休闲度假以及由旅游引导的泛旅游产业聚集（休闲农业、养老康疗、会议会展、创意文化、运动娱乐等），具有产业、居住支持双重价值，是城市现代服务业发展的重要内容。发展旅游产业带来的景观环境改善、休闲服务提升、文化交融、居民幸福指数增强等，都是宜居城市的升级要素。在内需消费产业作为拉动经济的主要方向下，以旅游产业为战略主导，形成的旅游城市、旅游小城镇、旅游区、旅游综合体、旅游新农村社区，将大大推进中国休闲度假时代城镇化的进程。

4.2.3 旅游如何引导新型城镇化

旅游在消费带动、产业带动、价值提升、生态效应、幸福价值效应等方面的一些特性，决定了其引导的城镇化在城乡统筹、生态环境、解决就业以及解决城镇化的社会问题方面，给出了比较高效的解决方案，主要体现在以下几个方面，如图 4-1 所示。

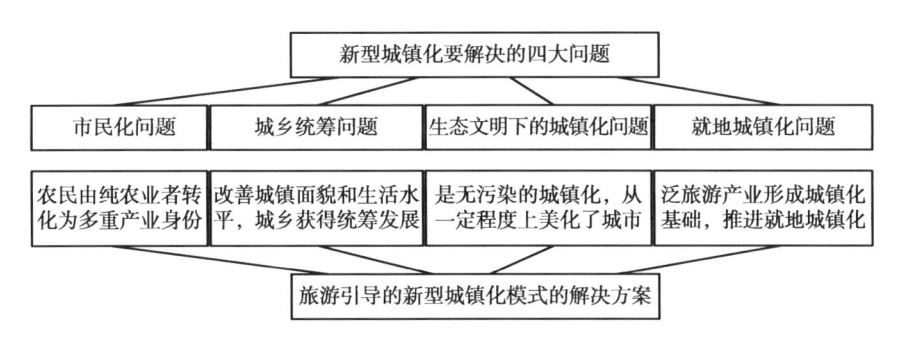

```
                    ┌──────────────────────────┐
                    │  新型城镇化要解决的四大问题  │
                    └──────────────────────────┘
     ┌──────────┬──────────────┬──────────────────┬──────────────┐
  ┌──────┐  ┌────────┐   ┌──────────────┐   ┌──────────┐
  │市民化 │  │城乡统筹 │   │生态文明下的  │   │就地城镇化 │
  │ 问题 │  │  问题  │   │ 城镇化问题   │   │  问题   │
  └──────┘  └────────┘   └──────────────┘   └──────────┘
  ┌──────────┐┌──────────────┐┌──────────────┐┌──────────────┐
  │农民由纯农││改善城镇面貌和││是无污染的城镇││泛旅游产业形成││
  │业者转化为││生活水平，城乡││化，从一定程度││城镇化基础，推││
  │多重产业身份││获得统筹发展 ││上美化了城市 ││进就地城镇化 ││
  └──────────┘└──────────────┘└──────────────┘└──────────────┘
                    ┌──────────────────────────┐
                    │旅游引导的新型城镇化模式的解决方案│
                    └──────────────────────────┘
```

图 4-1 旅游引导的新型城镇化模式解决方案

资料来源：背景绿维创景规划设计院课题组：《旅游引导的新型城镇化》，中国旅游出版社 2013 年版。

1. 解决农民的身份问题

旅游引导的城镇化是以旅游搬运为前提，游客聚集为基础，游客消费为支撑延伸出来的一种城镇化。由于游客聚集形成了休闲消费聚集，促使旅游区农民实现从纯农业从业者转化成服务人员、加工人员或者是农业兼服务业、农业兼加工业人员等多重产业身份的转型，同时收益能力提高。

2. 符合生态文明的要求

随着以工业为依托的城镇化进程的加快，能源和矿产资源消耗水平快速提升，环境污染问题甚为严重。以环境污染和资源超耗为代价的工业型城镇化，不符合未来发展方向。而旅游业不仅是低污染、低能耗的产业，其发展还必然改善和美化环境。因此，旅游引导的新型城镇化符合国家对生态文明的要求。

3. 就地城镇化

旅游景区一般在城郊或偏远地区，它的集散不一定直接依托于城市核心，有的依托于中心城镇，有的依托于小城镇，有的依托于村落。因此，在什么地方进行聚集和集散，那个地方就形成人群聚集、消费聚集、服务聚集，农民身份转换成高收益非农业人员。旅游各要素的延伸带动泛旅游产业发展，形成产业融合与产业聚集，产业聚集形成人员聚集，从而形成原有城镇居民、农民城镇化居住、产业佣工聚集居住、外来游客居住、外来休闲居住（二居所）、外来度假居住（三居所）六类人口相对集中居住，形成了产业依托的城镇化基础，加上旅游服务设施的需求和消费的集中化，形成旅游配套基础设施及社会体系完善的建设推进等，由此形成了就地城镇化发展。

4. 有利于实现城乡统筹

旅游经济是"搬运"经济，通过搬运游客，搬运消费能力，形成消费聚集、人群聚集、产业聚集，从而形成土地集中、促使农民从第一产业解放，从事第二或第三产业生产，由此带来收益能力提高和农民身份的转变。旅游产业开发大幅度提升了基础设施建设和公共服务设施建设，从而与城镇化一起形成建设发展，成本降低了，而城镇面貌美丽了，且提高了居民的生活水平。以此为基础，城乡基于美丽产业获得统筹发展。

4.2.4 旅游引导的新型城镇化模式

旅游引导的新型城镇化模式，即以旅游带动下的泛旅游产业集群为产业基础，由旅游带来的消费集聚直接推动的城镇化过程。在这个过程中，泛旅游产业发展是基础，消费聚集是旅游促推城镇化的直接方式，泛旅游的产业集群化发展促推城镇化。

1. 泛旅游产业发展是基础

产业发展是城镇化的第一基础。旅游产业综合性强、关联度大、产业链长，已经极大地突破了传统旅游业的范围，广泛涉及并交叉渗透许多相关行业和产业中，通过产业整合及集聚，形成了一个泛旅游产业集群，从而构成了人口与要素集聚的前提和基础。

2. 消费聚集是旅游促推城镇化的直接方式

以人均 GDP 为代表的居民消费能力的持续提升，是促使居民外出旅游的重要动力之一。2011 年，我国人均 GDP 已迈入 5000 美元大关，按照国际惯例，这意味着居民消费将从温饱型向小康型升级，步入享受型，可支配收入中用于文化、休闲度假以及旅游的比例有较大幅度的增加。

旅行中的消费，不仅仅是游客在传统观光休闲度假过程中的直接消费支出，还包括农产品、艺术品、收藏品、文化纪念品等购物消费，文化体验、娱乐活动、运动康体、养生理疗、养老服务、会展培训、祈福修学等服务消费。人们在旅行中的消费行为，已经超越一般理解的旅游消费，成为一种复合消费方式。

3. 泛旅游的产业集群化发展促推城镇化

泛旅游产业整合发展，形成了产业的聚集、集成与集群化，由此带动了城镇化的进程。我们可以用一个简单的逻辑加以说明：旅游产业要求场所，形成了旅游区；旅游区是一种产业发展区，与产业园区相识，同样需要土地开发，基础设施建设，需要为游客提供吃住玩的场所，需要为员工提供住宿基础，需要为拆迁的农民安置社区，这一切，形成了旅游区作为产业功能区的产业化发展。

旅游产业化发展，要求留下游客进行消费，必须开发大量的休闲项目，比如温泉浴场、美容按摩、游乐场、KTV、酒吧街、餐饮街、创意商铺、工艺品店、厂店一体的工坊，等等，由此形成了休闲聚集区。

工业区不适合人的居住，旅游区不同，是最适合于人的居住与生活的区域。因此，旅游区需要开发旅游接待型新农村社区、游客居住的休闲酒店与休闲聚集区、周末休闲的第二居所住宅区、避寒避暑养生养老的度假住宅区等。于是，一个基于不同需求的综合性居住社区形成，而以"吸引力景区＋休闲聚集区＋综合居住区＋公共服务设施配套"为发展形式的非建制城镇结构，也就此产生了，如图4-2所示。

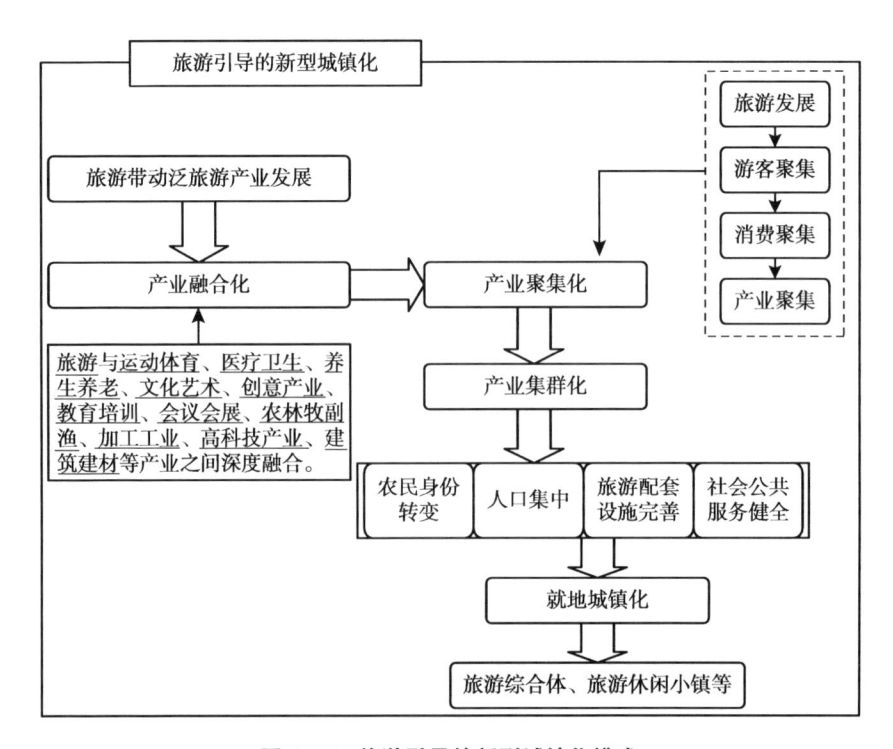

图4-2 旅游引导的新型城镇化模式

资料来源：背景绿维创景规划设计院课题组：《旅游引导的新型城镇化》，中国旅游出版社2013年版。

4.2.5 旅游引导的新型城镇化体系

从城镇体系结构的分层提升与建设上进行细分，旅游引导的新型城镇化包括：现有大型城市的扩张与升级，中小城镇特色化发展、产城一体化项目开发与非建制性旅游城镇化，新农村社区建设等方面。

1. 城市旅游化模式

这里所指的城市，是拥有 50 万以上人口的超大型、大型及中型城市，很多本身既是客源地，同时也是目的地。大中型城市的旅游化发展，主要是包括城市景区开发、新型城市休闲中心建设、旧城改造休闲街区化发展，休闲卫星城组团化建设，环城游憩带城乡统筹开发这五种方式。

城市景区开发，是指对于拥有独特旅游资源的城市，依托资源，集中建设旅游景区，形成城市景区吸引核，打造城市作为旅游目的地的核心吸引力。景区开发始终是城市旅游化的基础，无论景区在城区或不在城镇区域，景区吸引力越大，旅游带动城市发展越强。

城市休闲中心（RBD），是大中型城市必需的休闲聚集核心，也是城市品牌与都市吸引核。城市有多种休闲中心，有的偏休闲商业，有的偏休闲商务，有的偏休闲娱乐，有的形成了商务商业娱乐游乐餐饮一体化综合休闲区。在新城建设中，集中较大土地建设 RBD，是规模化新城开发最好的模式之一。

旧城改造建设休闲街区，特别是滨河、滨湖、古街、古建聚集区、旧工厂区、公园周边区、体育场周边等区域，是形成与建设休闲街区的最好地方。在旧城改造中，借力河道疏浚整治、绿地公园建设、体育设施建设、古建保护等城市基础设施与文化基础工程，把公共环境资源周边的黄金土地，建设成为休闲商业街区，形成休闲环境与休闲街区的整合，是城市休闲化最大且最重要的旅游化工程。

休闲卫星城组团化建设，是大型城市旅游化发展的重要方式。特色休闲卫星城，无论是基于大型休闲综合体、大型主题公园、大型体育设施、大型会展场所、养生养老机构设施等，都可以形成卫星城的特色聚集化发展。比如处于北京卫星城良乡的房山长阳镇，规划建设中央休闲购物区（CSD），就是一个新打造的休闲娱乐聚集区，规划了高端商务组团、时尚休闲组团、中心组团（艺术展览厅、湿地公园、休闲体育中心、主题公园、滨河酒吧和美食街等）、文化创意组团。

环城游憩带，是一个城乡统筹的发展模式。在大型城市周边1小时圈内，可以形成依托卫星城、小城镇、旅游区、村落而发展的休闲带。这个带，是未来田园城市建设中的城市的组成部分，是新型城镇化中最为有特色的部分。

2. 旅游城镇建设模式

小型地级市、县级的中心镇和建制镇，易于形成鲜明的主题性特征，可以走特色化的旅游城镇化之路，这是中国最重要的旅游城镇化模式。

小城镇建设是中国城市化进程中非常重要的部分，是推进城镇化进程、完善城镇体系、带动农村经济和社会发展的重要战略措施，也是大多数农民转化为城镇居民的基本模式。具有消费聚集、产业聚集、人口就业带动、生态优化、幸福价值提升作用的旅游业，将成为引领小城镇发展的主要动力。

（1）景区型旅游小城镇。即自身拥有旅游资源，依靠旅游发展，成为旅游目的地的小城镇。这类小镇本身就是旅游吸引物，很有特色。根据其依托的资源类型，可以分为：

自然景区型小镇：该类型小镇，拥有良好的自然资源，环境优越、气候宜人，区域内或紧邻地一般拥有品质较好的风景区，城镇发展和风景区建设紧密结合在一起，且以景区发展为基础。比如由武夷山风景名胜区、九寨沟景区带动的武夷山市和九寨沟县。其开发要点在于加强自然资源和环境保护，控制城镇的承载力：自然景观不要做大范围的人为加工，开发重点放在交通、水电等基础设施的完善，餐饮、住宿等高品质服务的提供，用地、建筑景观风格等方面的控制上；严格限制游客数量、控制城镇核心区规模。

古城古镇：古城古镇，特别是国家历史文化名城（镇），以其独有的特色建筑、风水情调、民俗文化等，成为我国旅游小城镇中的中坚力量。比如，乌镇、西塘等江南六大名镇。同质化是我国古城古镇开发面临的主要瓶颈，挖掘特色主题，形成鲜明的形象，成为古城镇开发与提升的第一步。另外，古城镇在经历以"古"为特色的观光主导、以"商"为核心的商铺为王阶段后，以"夜"为核心的休闲体验发展，已经成为很多古城古镇新的开发方向。因此，业态向休闲化的调整必不可少，而以夜景观光、夜间活动、夜晚休闲为核心的夜游项目，也会成为古城镇开发的重点。

行业依托型小城镇：这类小城镇是因特色行业而发展起来的，比如云南瑞丽（玉石）、江西景德镇（瓷器）、浙江义乌（商贸）、横店镇（影视）、博鳌（会议）等。其开发重点在于以泛旅游产业框架为基础，构建特色产业、旅游产业及其他相关产业的共同组成的产业集群，并形成旅游产业与特色产业的互动发展机制，实现两者的共赢发展。但特色产业在一定程度上仍是当地的主导产业。旅游可以带来人群和消费聚集，提升特色产业的附加价值，促进其发展。

（2）休闲聚集型旅游小镇。这一类小镇，本身不是景区，但是一般具有良好的区位、交通或环境条件，能够依托周边的景区或是城镇旅游资源，形成休闲集聚区、旅游集散地，是旅游接待建设的重点区域。

集散型小镇：依托著名旅游风景区或旅游区，在旅游集散和服务需要的催生下，在风景区重要门户和游客主通道上，形成的以旅游服务为核心功能的小城镇。比如黄山周边的汤口镇、甘棠镇。

一般具有较好的区位优势与生态环境，适宜进行"商业＋休闲＋旅游地产"的开发：一是商业开发：一般以商业街或是商业区的形式呈现，汇集了当地的特色美食、民俗客栈、土特产店等；二是休闲开发：要想把游客留下来，必须为他们提供不同于景区体验的休闲娱乐活动，尤其是夜间的。比如一些民俗演艺活动、养生 SPA 等；三是地产开发：依托于区位及生态环境优势，这类小镇往往受到地产商的青睐，适宜开发商业房地产，又可以开发度假地产。

城郊型休闲小镇：依托于具有强大旅游市场需求的城市而形成的城郊休闲小城镇，北京周边的小汤山镇、成都的山泉镇等。其开发应从以下几点找准方向：第一，针对普通市民的农家乐或是生态农业观光开发；第二，为市民提供游玩、休闲的郊野公园和主题公园；第三，针对周一至周五企业的会议、产品发布、拓展培训等开发的"商务会展＋休闲度假"模式，比如现在很流行的"开会＋泡温泉＋高尔夫"模式；第四，针对高端市场的度假别墅、会所；第五针对老年人市场的"养生养老别墅、公寓"。

资源依托型休闲小城镇：这类小城镇，有着鲜明的特色，通常位于自然或气候较好的城市。比如滨海小镇、海岛小镇、温泉小镇、滑雪城、花卉城、渔港小镇、边境小镇等。其开发要以优势资源为基础，以休闲度假为方向，走综合发展之路，打造一个集观光、休闲、度假、养生、会议、康体、文化体验、居住等多种功能于一体的旅游小城镇。其打造重点有两个方向：一是设置完善的度假生活配套及高品质的服务质量，高尔夫、游艇俱乐部等高端度假项目必不可少，二是以度假人口候鸟型居住为目标的度假第二居所的开发。

3. 旅游综合体模式

旅游综合体是一种特殊的新型城镇化形态——既不是传统的旅游景区，又不是纯粹的住宅社区，也不是建制型城镇，更不是新型农村社区，而是基于城乡之间（可能是城市郊区、也可能是乡村地区、还可能是大景区外围区域）具有一定旅游资源与土地空间的地块，依托良好的交通条件，通过旅游的"搬运效应"，将城市的旅游消费力搬运到开发地块，从而带动该地块的土地综合开发，实现泛旅游产业聚集、旅游人口聚集和相关配套设施的发展，形成旅游休闲导向的新型城镇化聚落。

旅游综合体以泛旅游产业的整合为根本支撑、以休闲化消费的聚集为核心动力、以设施和配套的配置为重要基础、以服务和管理的创新为基本保障，已经成为广大适宜区域实施"就地城镇化"的主流模式之一。

旅游综合体作为一种新型的非建制型的城镇化形态，除了要考虑产业与动力的因素，还要依据城镇和产业要求以及人口的生活需求，进行基础设施与公共配套的配置，既包括道路、给水、排水、污水处理、电力、电信、供热、照明、垃圾处理、综合管网等基础设施的配置，也包括绿地、金融、商业、医疗、文化、教育、体育、信息、邮政、安全等城镇公共配套的配置。唯有如此，旅游综合体才是一个真正的可生活的城镇化聚落，才能够实现对休闲度假人口的聚集。

4. 旅游新农村社区模式

基于城乡一体化的大背景，以一定的乡村旅游资源和土地资源为基础，以农旅产业链打造为核心，以乡村观光休闲度假功能为主导，以乡村观光休闲业态为特色，以乡村商业休闲地产为支撑，以田园乡居生活为目标，通过土地整合、城市基础设施引入、文化特色的呈现、农民就业的解决，进行独立村的改造升级，向旅游综合社区发展，就是这一模式的主要路径。

旅游对于新农村社区建设，具有特别好的产业推进价值，主要是使农民找到产业转化依托的同时，可以把生活资源，转化为生产资源，就地发展产业，形成居住。

旅游新农村社区模式适用于独特的区位条件、良好的资源禀赋、良好的环境条件。打造过程中存在一系列难点：农旅产业链如何打造，文化卖点如何挖掘和提升，田园乡居生活氛围如何营造，如何选择合适的商业运营模式，如何解决建设资金来源，如何制定利益协调机制等。

4.3 新型城镇化背景下的乡村旅游

与传统城镇化相比，新型城镇化以城乡统筹、城乡一体、产城互动、节约集约、生态宜居、和谐发展为基本特征，不以牺牲农业、生态和环境为代价，着眼农民，涵盖农村，实现城乡基础设施一体化和公共服务均等化，促进经济社会发展，实现共同富裕。

4.3.1 新型城镇化对乡村旅游发展的要求

新型城镇化是未来经济增长的巨大引擎，它着重强调要处理好经济发展与环境发展的关系；遗产与遗憾的关系；产业发展和城镇发展的关系；城乡之间的关系；不同利益主体之间的关系，这为乡村旅游发展注入了新动力，提出了新要求。

1. 城乡统筹是乡村旅游发展的目标

新型城镇化要求乡村旅游发挥城乡互动的优势，通过城乡互动实现包括经济融合、产业融合、社会融合和文化融合为主要内容的城乡统筹。首先，城市居民是乡村旅游产业的重要目标客户群，乡村居民只有通过为城镇居民提供特色的诗意田园生活的方式来满足城市居民的物质和心理诉求才能获取自身所需要的经济社会和生态价值。所以，乡村旅游的价值定位应当在人与自然价值和谐统一的基础上实现游客价值和乡村旅游地居民价值的统一，既兼顾城镇居民的生态需求，又关注乡村旅游地的发展需求。其次，乡村旅游发展必须以城带乡，通过将城市的富余资金引入农村地区，有力促进农村经济朝着规模化与产业化方向的扩张，实现和城市经济之间实时互动的升级。最后，乡村旅游开发要与小城镇建设相结合。乡村旅游小镇就是以乡村旅游为导向的新型农村社区，它不同于传统农村社区，不仅以农业生产、农民生活和农村环境为基础，而且还将产业集聚、工业发展、服务业发展与农业农村发展衔接起来，是现代城镇体系的重要组成部分。

2. 生态提升是乡村旅游发展的基础

良好的自然生态环境和原汁原味的人文生态环境是吸引游客的亮点所在，也是乡村旅游持续发展的重要基础。2013 年 12 月中央召开了全国城镇化工作会议强调"让城市融入大自然，让居民望得见山，看得见水，记得住乡愁"。2014 年 5 月，国务院办公厅近日印发《关于改善农村人居环境的指导意见》指出："在促进城乡一体化发展中，要注意保留村庄原始风貌，防止大拆大建，慎砍树、禁挖山、不填湖、少拆房。"所以，在乡村旅游开发中要注意资源开发与环境保护协调的问题，不仅要防止旅游开发造成环境污染和资源破坏，加强与生态资源的有机结合，坚持在旅游资源开发中"保护第一，开发第二"的原则，而且要在原有环境的基础上不断挖掘和提升乡村生态环境的质量，走可持续发展的道路。科学处理好新与旧、传统与现代、拆除与保留、文物保护与利用开发、特色保护与新农村建设标准等之间的关系，既创造良好的人居环境，又继承优秀的民族文化遗产和文化传统，避免传统城市化建设中曾经发生的错误在农村重演。

3. 产业结构优化是乡村旅游发展的支撑

新型城镇化要求通过产业结构优化摆脱过去单纯依靠工业化推动的局面，这将为乡村旅游发展提供强大的支撑和动力。首先，农业内部结构由以种植业为主转变为种植业与畜牧业、林业、渔业共同发展，种植业结构由以粮食作物为主转变为粮食作物与经济作物、蔬菜瓜果、花卉全面发展，可以极大丰富乡村旅游资源，从而为旅游者提供更具吸引力的乡村旅游产品，使得乡村旅游能够由单一的农业观光向休闲、体验方向发展。其次，将农业、农产品加工业和第三产业有机联系在一起，拉长农业产业链条，实现三次产业融合发展，可以更好地满足乡村旅游者在完成其旅游经历的过程中所涉及的吃、住、行、游、购、娱、育、美等多种活动。另外，通过上述产业结构优化，可以形成了富有特色的乡村循环经济发展模式，这不仅有利于保护和改善环境，而且可以提高农产品品质和生产效率，极大地提升乡村旅游的吸引力和竞争力。

4. 以人为本是乡村旅游发展的核心

新型城镇化是为了构建一种美好的生活，这就要求乡村旅游的发展必须充分体现以人为本的思想。首先充分发挥乡村旅游能最有力地发挥农民的优势促使人的城镇化，实现农民的就地就近就业。但这必须在兼顾政府、开发商、旅游者、乡村居民等相关利益者的基础上，特别要重视农民的主体地位，尊重广大农民群众意愿，体现农民参与的普遍性。从组织形式上要以农民家庭和农业专业合作社为经营主体；从具体乡村旅游项目上，要为农民提供尽可能多的就业机会和收入的来源，最终要让农民成为真正的受益者。其次，要按照新型城镇化强调的构建均等化的基础服务设施空间的要求，对乡村旅游地的村落整体环境、农民家庭环境、乡村休闲景区环境等进行整治和修复，美化环境；同时配套完善环卫系统，定时清理各类垃圾，营造良好的乡村游憩环境。

4.3.2 新型城镇化背景下乡村旅游的特点

新型城镇化背景下的乡村旅游，不能仅从旅游产业单一发展的角度来思考和定位，而是应以内需为导向的产业发展先导模式，通过内需型产业的深度融合与发展，拉动乡村旅游产业的规模化发展和全面质量提升，推动乡村土地配置市场化、农村土地资本化，提升和保证农民的基本财产权利，优化农村资源配置和产业结构，直接带动农民就地就业、农业就地转型、农产就地增值、农村就地城镇化，进而推进人的城镇化、产业城镇化和乡村环境城镇化。

新型城镇化的提出，使乡村旅游发展进入新的发展阶段，开始由单一要素发展向多要素融合发展的模式转变。因此，应把握新型城镇化背景下乡村旅游发展的一系列特点。

1. 强调乡村旅游的战略性

2014年3月16日，中共中央、国务院印发了《国家新型城镇化规划（2014~2020年）》，强调以人为本，推进以人为核心的城镇化，将坚持"生态文明"和"文化传承"作为新型城镇化建设的重要原则。新形势下，乡村旅游迎来了新的机遇，乡村旅游发展已成为新型城镇化的重要驱动，在国家新型城镇化发展背景下，应充分认识乡村旅游发展的战略地位和作用。

2. 把握乡村旅游的时代性

随着中国城镇化进程加速，如何协调城市与乡村的发展，缓解城镇化过程中的困境已经成为城乡发展的重要课题。以旅游发展为驱动力的城镇化是缓解上述问题的重要途径，乡村旅游发展可以与新型城镇化、美丽乡村建设和破解"三农"问题等有机结合，可以促进城乡交流、调整农业产业结构、增加农民就业、提高农民素质和创业能力、均衡社会财富。

此外，还应该充分认识到乡村旅游与城市旅游之间的有机联系。乡村与城市在本质上是不可割裂的有机整体，中国的城市与乡村必然会从二元对立走向一元融合，乡村旅游与城市旅游是全国或区域旅游中两个既相互区别、又相互联系的有机组成部分。

3. 重视乡村旅游的融合性

由于乡村分布分散化、自然生态季节化、农业生产节律化以及民俗文化时令化，除了一些资源特别突出的古村落和区位特别优越的乡村外，绝大多数乡村难以完全依赖旅游业生存与发展，发展乡村旅游必须是与乡村自然、经济、社会和文化融为一体。大力促进乡村旅游业与乡村经济、社会、文化的有机结合和协调发展，通过发展乡村旅游保护乡村景观生态、完善乡村基础设施、提高农民生活水平、传承传统民俗文化。因此，在产业融合发展的大趋势下，要深入研究乡村旅游与乡村经济、乡村社会及乡村文化融合的机理与途径，揭示乡村旅游与乡村经济、乡村社会文化融合发展的阶段和规律，提出适合不同地域类型的乡村发展、乡村旅游与乡村社会经济文化融合的模式。

4. 保育乡村旅游的文化性

城镇化和现代化的快速发展，在带来乡村经济振兴和缩小城乡差距的同时，也造成了乡村传统文化的困境。乡村文化是中华文化的源头和重要组成部分，也是乡村旅游发展的根基和依托。正确认识并充分发挥乡村旅游地的文化价值，切实保护和传承乡村文化，是确保乡村旅游地具有独立的文化价值和旅游魅力的必要条件，也是中国走新型城镇化道路的重要保障。

受到乡村经济发展至上和城市文化及外来文化的影响，传统的乡村文化正在遭受人为的破坏，许多传统村落和文化遗存日渐消失，出现乡村文化景观削减化、价值低估化、地位边缘化、文脉撕裂化、内容变异化、形式低俗化、主体空心化、传承艰难化等困境。让乡村传统"沦陷"和乡村文化衰落，绝不是真正意义上的新型城镇化和乡村现代化。新型城镇化是要传承文化、延续文脉、重塑特色，"让居民望得见山、看得见水、记得住乡愁"的城镇化，不能以农村空壳化为代价，只有保护、传承和弘扬乡村传统文化，才能增强乡村的特色魅力和发展动力。因此，深刻反思乡村城镇化进程、乡村文化保护和乡村旅游发展中存在的问题，加强乡村旅游地的文化保护与传承研究，是乡村文化建设和乡村旅游发展的必然要求。

5. 突出乡村旅游的生态性

优良的生态环境是重要的乡村旅游资源。着力推进乡村地区的绿色旅游、低碳旅游来丰富生态旅游内容，拓展新的旅游空间和领域。在生态保护的前提下发展乡村旅游，挖掘乡村生态内涵，提升乡村旅游的生态品位，营造独特的乡村生态、乡村文化意境，实现新型城镇化的生态目标。乡村旅游将会有效地实现乡村生产方式和生活方式的转型升级，保护生态环境，改善乡村人居环境，实现生产、生态、生活的共赢。

乡村旅游发展之于乡村生态建设是"双刃剑"，"适合、适应、适度"发展乡村旅游是关键。中国幅员辽阔，自然环境与人文背景的地域差异巨大，不同类型、不同发展阶段的乡村应因地制宜，旅游业是可选但并非必选的发展方式，选择"适合"自己的发展道路才是美丽乡村及生态文明建设的要义，基于不同发展导向的乡村生态建设的具体任务、重点领域、建设路径等必然存在差异。乡村旅游发展对生态的诉求应"适应"生态系统的属性要求，比如片面追求乡村生态景观的新奇、震撼、艺术感而大行其道的"大地景观"，而忽视物种的本土性、敏感性与适应性，会导致外来物种入侵的生态风险。乡村旅游"适度"发展是理念也是要求，乡村旅游的规模、质量、结构、效益等应与乡村的生态、社会、文化、经济系统相匹配，加强生态资源资产产权和用途管制，划定生态保护红线，建立旅游生态补偿制度，协调不同利益主体诉求，建构消防、卫生部门联动机制等，争取实现乡村旅游的"适度"发展。

6. 提升乡村旅游的参与性

"人的城镇化"是新型城镇化的核心，社区是乡村旅游的主体和主要参与者，乡村旅游发展需要充分发挥社区的主人翁意识，调动社区发展乡村旅游的主动性，加强社区居民和旅游从业人员的专业技能培训，提高乡村旅游从业人员的能力和收入，使得乡村旅游成为实现乡村地区居民就地城镇化的重要途径。

以往中国的乡村城镇化主要道路可概括为"农民进城""工业下乡""就地转非"。一方面，改革开放以来，伴随工业在城市的集中布局，引发了大量农村劳动力向城市迁移，农民"离土离乡"进入城市成为农民工；另一方面，乡镇工业的发展，使农民"离土不离乡"，就地转化成产业工人。还有一部分地区，在城市规模扩张的推动下，部分农民户籍改变，直接转化为市民，这样的城市化仅仅停留在身份的改变。在上述发展机制的导向下，农民的出路只有离开，不是离开土地就是离开乡村。而旅游业的到来，为地处边远、远离中心市场、缺乏资金和人才的乡村地区，带来了"不离土不离乡"的新型发展道路。

乡村旅游地的农民纷纷参与到旅游发展中，经营农家乐、家庭旅馆，出售特色农产品和工艺品，展示民族歌舞、地方性文化等。这样他们不但不用"离土离乡"，而且还能够紧紧依托"乡"和"土"实现其自身的发展，并寄托城市人的"乡愁"。乡土性和乡村性再也不是现代化序列下的落后象征，而是极具旅游吸引力的乡村魅力。

乡村旅游社区参与背景下的城镇化是以保存乡村特征为前提的。农民身份的去留都不重要，他们可以转化成市民，就地实现旅游城镇化。具体而言，社区主人的户籍可以改变、观念可以改变、职业可以转向服务业、经济结构也可以多元化。但是，乡村的物质景观不能变为城镇，乡村的农业生产方式需要保留，传统的工艺和文化也必须予以传承和保护。否则，旅游村变为旅游镇、旅游城，农民成为逐利小商人，农业彻底萎缩。对游客而言，无异于自己所生活的城市，其吸引力将会迅速减弱，乡村旅游业将走向衰败。因此，乡村旅游的社区需要社区、政府、企业等各利益主体的参与，紧紧抓住"三农"特性、守住乡土性，以"新农民、新农村、新农业"参与到旅游产业中，以原汁原味的乡土、淡然自信的心态纳入社区发展过程中，以此作为旅游资源禀赋好的中国乡村应对全球化的新型发展道路。

4.3.3 新型城镇化背景下乡村旅游发展应处理好几组关系

新型城镇化背景下乡村旅游持续、健康、快速发展，应处理好以下几组关系。

1. 乡村旅游发展与经济社会全面发展之间的关系

要把乡村旅游发展放在全面建成小康社会的高度，依据"生产发展、生活宽裕、乡风文明、村容整洁、管理民主"的社会主义新农村建设要求，整体谋划、系统思考，通过乡村旅游的综合发展，全面推进农业经济转型升级、农村社会和谐构建、乡村文化系统传承、生态环境全面优化。发展乡村旅游要与五个建设相结合，与新型城镇化相结合，与乡村生态文明、精神文明建设相结合。以产业升级为目标，以产业融合为手段，以推动城乡生产要素双向流动为途径，吸引城市金融下乡，通过城乡之间人流、物流、信息流的交换，有效盘活乡村资源，推动农业资源转化为农业资本、农业资本转化为有效资产，资产推动产业升级，实现农业增效、农民增收、农村富裕，从根本上解决"三农"问题。发展乡村旅游是满足农民的致富愿望和满足城市居民休闲需求的有效途径，涉及城乡居民的共同利益。要坚持政府主导，部门联动，以"强农富民"为目标，系统探讨以旅游为先导，融合第一、第二、第三产业的路径，拉长农业产业链，引导农民就地就业、农产就地增值，全面带动特色种植业、乡村手工业、餐饮服务业、乡村运输业、农村文化产业等业态发展，实现农村产业的高级化、精致化、旅游化。

2. 农民主体与投资多元化及社会广泛参与的关系

发展乡村旅游，首要目的是要让农民充分利用农业、农村资源，在不离开自己的家乡和生活环境的情况下，脱贫致富，就地完成人的城镇化，最终从根本上解决"三农"问题。所以，发展乡村旅游一定要以农民为主体、为主角、为主要受益者，绝不可削弱农民的主体地位、侵害农民的合法权益，或让广大农民边缘化。按照党的十八届三中全会要求，加快构建新型乡村旅游经营体系，通过组建乡村旅游专业合作社、旅游股份公司等形式，推进家庭经营、集体经营、合作经营、企业经营等共同发展的农业经营方式创新，增强农民组织度和经济实力。同时，也要广泛引进各类资金，包括丰富的城市资金，参与乡村旅游开发与发展。要鼓励和引导新兴社会组织、青年志愿者参与发展，鼓励支持农民回乡创业。前提是不管何种资源、资金参与乡村旅游发展，都必须确保农民的主体地位，包括确保农民的决策权、管理权、经营参与权和受益权利。这就需要政府给予明确的引导、主管部门给予专业指导、规划单位通过策划规划预设科学合理的利益分配机制。如河南的重渡沟，由公司参与开发景区，带动农民搞农家乐，公司、村委会和农民代表三方人员组成的协会是最高决策、管理机构，确保农民的管理权和受益权，保证了公司与当地农民互融互动、共同发展、合作共赢的良好关系。要积极探索通过"企业＋合作社＋农民"等多种方式，使农民直接参与到项目开发、直接受益，夯实乡村旅游稳定发展的基础。

3. 保护乡村性与推进城镇化的关系

乡村性是中国传统农业文明的活化石。保护乡村性是文化建设、生态建设的重要内容，在全球化、现代化、城镇化大背景下，保护中国传统文化，延续中国传统文明，是确保中国文化连续性的战略性举措，是保持乡村旅游丰厚文化底蕴和独特魅力、独特吸引力的重要选择，是"留得住乡愁"的现实平台。乡村性可简单概括为原生态的乡村生活、原生性的乡土文化和原始性的自然环境，包括传统的村镇、街巷、房屋、生产生活用具和传统节日、人生礼仪、俗信与庙会等，纯自然的山川河湖、滨海湿地、森林植被等，这些都是城市人所追求的回归自然、返朴归真的重要载体，也是现代城市人不能释怀的精神寄托，更是乡村旅游休闲的魅力所在。保护乡村性不是不要提高乡村的品质和乡民的生活质量，也不是抱残守缺，更不是拒绝文明和固守愚昧与落后。相反，在保护乡村性的同时，必须大力推动新型城镇化。这里说的城镇化强调的是"新型"城镇化，所谓新型城镇化，不仅仅是，或主要不是乡村规模的扩大，不是合并几个小村子变成一个大村子，然后称其为"镇"；不是拆掉传统的民房盖楼房，然后称之为"社区"，而主要是指人的城镇化和乡村基础设施与公共服务的城镇化。首先是人的城镇化，针对乡村农业人口，最重要的基础性的是大力调整优化农村经济结构，通过生产方式的转变来改变群众的生活方式，使农民就地直接从第一产业转移到第二、第三产业，就地转为白领、蓝领阶层，就地成为产业工人和市民，就地完成人的城镇化。其次是基础建设与公共服务城市化。要按照城乡基础设施一体化和公共服务均等化的要求，充分考虑乡村建设既满足农民需求又满足游客需求的原则，优先完善乡村旅游公共设施建设，规划建设好停车场、饮水设施、排污治污，实施美化亮化等工程，通过乡村旅游的发展，有效推动广大农村地区就地城镇化，通过城镇化提升乡村旅游的配套水平。

4. 标准化与多样化的关系

乡村旅游的产品主体空间在乡村，但其客源市场却主要是城市市民，城市与乡村互为镜像，要突出城市生活标准、乡村个性特色。如厕所要安装抽水马桶；厨具要生熟分开，配备消毒设备；床上用品要做到一人一换等。只有满足了这些要求，市民游客才可能引得来、吃得下、睡得好、留得住，乡村旅游才可能真正火起来，实现可持续发展。

乡村旅游全域标准化，并不是要所有经营户都是一个模式，一刀切，齐步走，同样重要的还要大力推动乡村旅游业态的多样化。比如从乡村旅游休闲的功能上分，可分为生态观光、农业观光、乡村观光、民俗旅游、休闲农业、乡村度假等各类业态。每种业态又可开发多种多样的产品。坚持以全域标准化为基础，以业态多样化、产品差异化为引领，是确保乡村旅游持续、健康、快速发展的重要条件。

5. 大众化与高端化的关系

大力发展大众化的、让广大人民群众特别是广大工薪阶层能消费得起的乡村旅游产品，既是乡村旅游可持续发展的根本所在，又是让广大民人民群众充分享受改革开放发展成果的必然要求。一方面，把乡村旅游发展的立足点放在开发大众化旅游产品上；另一方面，要打造部分高端乡村旅游产品，吸引省内、省外及国外的高端游客到乡村度假休闲。在国际上，乡村旅游是高端旅游，在法国乡村，游客可以品尝极具特色的葡萄酒、黄油等，参观葡萄园和酿酒作坊，参与酿制葡萄酒全过程。要突出特色，突出精细化管理，打造出一批像成都五朵金花、浙江莫干山、怀柔慕田峪村那样的精品品牌，满足高端游客的要求。

6. 全域化发展与典型引路的关系

全域旅游是以旅游产业为主体，带动和促进其他相关产业发展，并对相关经济社会发展要素进行重新配置和组合，从而形成一种全产业链的旅游经济形态。详细来讲，全域旅游是把一个区域整体当作旅游景区，是空间全景化的系统旅游，是跳出传统旅游谋划现代旅游、跳出小旅游谋划大旅游，是旅游发展理念、发展模式上的根本性变革。全域旅游打破围墙、打破空间封闭，形成共建共享的旅游发展大格局，有利于共建共享美好生活、共建共享基础设施、共建共享公共服务、共建共享生态环境。推进全域旅游，搞好城乡旅游互动和城乡一体，不仅能够带动广大乡村的基础设施投资，促进农村的厕所革命、道路建设、农田改造等，提高6亿多农业人口的福祉，还能提升7亿城市人口的生活质量，并形成统一高效、平等有序的城乡旅游大市场。这既是全面建成小康社会的重要内容，也是全面建成小康社会的重要标志，将进一步增强居民和游客的参与度与共享度。

同时，重点通过树立一批典型，让广大群众看到实实在在的效益，不能急于求成，更不能行政命令。在培育典型方面，要因地制宜，与现代农业、高科技农业相结合，发展一批休闲农业、观光农业；与生态文明建设相结合，发展生态旅游、观光旅游；与新型城镇化相结合，鼓励农民利用自身房屋、自留地、承包地等，大力发展农家乐、渔家乐、家庭农场；与农村精神文明建设相结合，发掘农村丰富的民间文化、地方文化资源，发展民俗旅游、文化旅游；与农业园区建设展相结合，推动乡村旅游集中连片发展。

第5章

山东省乡村旅游发展实践

5.1 山东省乡村旅游现状

山东省是传统农业大省和齐鲁文化发祥地，乡村旅游资源十分丰富。早在20世纪80年代初，潍坊安丘市石家庄村就推出了"住农家屋、吃农家饭、做农家活、随农家俗"活动，形成了一定规模的乡村旅游项目，此后以"农家乐""渔家乐"为主的乡村旅游在不少地方广泛开展。经过近40年的发展，山东省培育出一批全国知名乡村旅游品牌，形成了一定产业规模。截至2015年底，全省实现乡村旅游接待3.3亿人次，占全省旅游接待的一半以上；实现乡村旅游收入1806.7亿元，同比增长20%以上，超过全省旅游消费总额的1/4，乡村旅游成为山东省旅游业的新内容和全省旅游总收入新的增长点。目前，全省有组织开展乡村旅游的村庄3100个，经营业户6.4万户，安置就业31.5万人，61个村被评为国家乡村旅游模范村，全国第一。山东省累计建成旅游强乡镇458个、旅游特色村907个、全国农业旅游示范点81个、省农业旅游示范点866个、好客人家星级农家乐3397个、精品采摘园564个、开心农场85个。

5.1.1 山东省发展乡村旅游的优势和条件

山东历史悠久，农业发达，乡村民俗丰富，城市化进程较快，发展乡村旅游优势明显。

1. 乡村旅游资源丰厚

山东地域广阔，地形多样，海域、湖区、丘陵、山地、平原、湿地等丰富多样的地形滋养了多样的动植物，烟台苹果、莱阳梨、肥城桃、胶州大白菜、潍坊萝卜、胶东海鲜等各种作物和水产品种植养殖历史悠久，技术较高，产量较大。山东是我国最主要的农业大省，多年来农产品产量、出口量均居全国前列。随着农业科技化、集约化和产业化水平不断提高，一乡一色，一村一品的现代化大规模种养殖基地形成，一大批农业科技观光示范园区，成为展现现代农业高科技的新亮点。同时，山东是中国传统农业的发祥地，从舜耕历山，到农圣、药圣、科圣，都留下了丰富而悠久的传统生产、生活文化，现代农业与传统的农耕文化，稍加包装，都是高品位的旅游资源。

2. 乡村文化积淀深厚

山东历史悠久，文化灿烂，积淀深厚，民风淳朴，是中华文明的重要发祥地之一，是著名的北辛文化、大汶口文化、仰韶文化和龙山文化的发源地。山东名人辈出，星汉灿烂，产生过许多杰出的思想家、科学家、政治家、军事家、文学家和艺术家，是公认的"圣人之乡"，儒家文化的发源地。文圣孔子、武圣孙子、科圣墨子、医圣扁鹊、工圣鲁班、书圣王羲之、农圣贾思勰、智圣诸葛亮等享誉海内外，齐文化、鲁文化、黄河文化、运河文化、水浒文化、泉文化、民俗文化、海洋文化各具特色。这些都为我们留下了丰富多彩的齐鲁文化遗产，构成了中国传统文化的重要内容。济南战役、孟良崮战役、台儿庄大战，铁道游击队、地雷战，红嫂、沂蒙六姐妹等"红色文化"闻名全国。这些文化的根基就在乡村，和几千年的农耕生活密切相连。而越是原生态的历史文化、民俗文化越具有特色，越具有吸引力。这些深厚的文化积淀，原生态的文化、文明和广大农村居民的生产生活，为山东省乡村旅游发展打下了坚实基础。

3. 客源市场广阔

山东省拥有大中城市20多个，城市居民占全部人口的近60%，近年来，山东省的经济发展保持了高于全国平均水平的增长速度，人均生产总值超过5万元，城镇居民人均可支配收入2.6万元，这些都为以城市居民为主要服务对象的乡村旅游业提供了巨大的客源市场和动力。而且，山东省地处沿海，北邻京津、南接沪宁杭、濒临日韩等发达地区和国家，这也为山东省发展乡村旅游业提供了广阔的客源。

4. 山东乡村旅游发展已初具规模

20世纪70年代末80年代初，山东省旅游局等部门就认识到乡村旅游发展的巨大潜力，以潍坊石家庄村为起点开始发展乡村旅游。近年来，围绕社会主义新农村建设，围绕促进农业转型、农民增收，扩大农民就业，省委、省政府大力推进乡村旅游发展，全省乡村旅游快速发展。早在2008年底，全省就建成全国旅游强县1个（烟台市长岛县）、全国农业旅游示范点80个，培育省级农业旅游示范点58个，数量居全国前列。这些率先发展起来的乡村旅游单位，激发了广大农村、农民和企业发展乡村旅游的积极性。一些农民还自发联合起来，统一品牌，统一服务，统一营销，走出了合作化发展的雏形。一大批企业也主动投身乡村旅游发展中，公司加农户的乡村旅游发展模式在不少地方出现。2015年，全省乡村旅游接待3.3亿人次，收入1806.7亿元，增长20%以上。

5.1.2 山东省乡村旅游典型发展模式分析

1. "王坟镇"农家乐旅游模式

农家乐是乡村旅游的初级形态，它是以城郊农民家庭为依托，以田园风光和别有情趣的农家生活为特色，吸引市民来此休闲度假、观光娱乐、体验劳作的一种新型旅游活动，是城市居民利用休闲日、节假日离开城市到乡村农家去的短周期旅游形式。

山东省农家乐旅游发展模式具有代表性的是潍坊青州市的王坟镇，王坟镇依托农业资源，发展"农家乐"旅游项目，并开发了八喜谷生态旅游区、西股生态旅游区、棉子沟等众多集生态农业观光、农产品采摘、休闲度假于一体的乡村旅游项目。同时，还举办上稍桃花节、西股香棒节、王坟蜜蜂节等一系列乡村节会，使乡村旅游有声有色。当地还挖掘当地历史事件、民俗文化打造出一批乡村旅游项目。以殷商重臣逄伯陵而得名的著名景点"逄公影像"；号称"水济第一寨"的清风寨；汉代名臣张良隐居之所子房洞以及唐末起义领袖黄巢屯兵之地黄巢洞；汉代著名隐士严子陵钓鱼之处富春湖钓鱼台；明代恭王墓等，均被开发成旅游景点，为当地旅游增添了活力。这个镇在2010年被授予"中国优秀乡村旅游目的地"荣誉称号。

2. "泰山花样年华景区"乡村旅游综合体模式

乡村旅游综合体是基于乡村旅游资源和土地资源，以乡村旅游休闲活动项目、乡村配套商业服务设施、乡村景观度假地产等为核心功能构架的资源要素集约配置的地域空间形态，是整体服务品质优异的乡村旅游聚集，是一种规模化、多功能、现代化、开放性的乡村聚合空间。乡村旅游综合体的出现，是旅游产业从单一产业模式向产业关联拓展和综合产业体系发展、从旅游产品的单一布局态势向产品集聚发展、旅游经营模式从门票经济向综合经济发展的必然趋势，也是旅游管理从单一景区管理向产业园区管理的必然结果。乡村旅游综合体将是山东省乡村旅游发展的高级产品结构模式和最优空间发展结构。

泰山花样年华景区是集娱乐、观光、采摘、餐饮、展销等功能于一体的大型田园农业旅游文化项目，其目标是建成亚洲最大的蝴蝶兰研发、组培、繁育生产基地；建成省内外知名以兰花为主题的4A级特色旅游景区；办成省内外知名的中国泰山国际兰花节。花样年华景区总投资5亿元，总规划面积3000亩，突出兰花产业、休闲旅游和泰山文化主题，2010年底已建成集餐饮娱乐、园林艺术、热带雨林、沙漠风情、兰艺展示于一体的风景区。

3. "青岛市惜福镇"村落乡镇旅游模式

村落乡镇旅游是指以村落和乡镇为依托，以当地自然资源为特色，吸引市民来此领略大自然风光和淳朴的农家气息的旅游方式。山东省村落乡镇旅游发展迅速，具有代表性的是青岛市的惜福镇。

惜福镇位于青岛市城阳区东部，东部为峰峦起伏的山区，拥有三标山、王乔崮、铁骑山、塔尔山、石老妈妈山等多处景色秀丽的山峰，适宜开展登山健身游。以书院水库为代表的多座水库塘坝，是街道山水资源的重要组成部分。惜福镇素有"水果之乡"的美誉，其中楼桃、寒露蜜桃、巨峰葡萄等质量上乘。惜福镇历史悠久，境内拥有百福庵、童真宫、康成书院、玉篮楼、圣母庙等历史人文景观。

以"绿色、自然、生态、健康"为主题，惜福镇于2005年启动"惜福生态游"特色旅游项目。生态游综合了健身、文化、生态等多种旅游元素，以踏青赏花、登山健身、果品采摘、品茶休闲、蜂蜜采撷、"惜福山里人家"品尝农家宴六大板块为主要内容，在各个季节还适时推出踏青赏花、野炊度假游、植树认养，寄情自然游、"品农家宴、住农家屋、干农家活"游、"赏千姿百态花，种郁郁葱葱树"冠名认养游、体验农家之乐游等一系列主题活动。惜福镇还举办樱桃节、葡萄节、大麦节等一系列活动，极大地推动了山区的乡村旅游。

2007~2010年，财税总收入每年平均完成2亿多元，平均接待游客90万人次平均增长率保持在20%左右，旅游收入平均每年8000余万元，平均增长近40%。有5个社区被命名为省级农业旅游示范点，4个社区被评为市级旅游示范点。2006~2010年连续被评为青岛市小城镇建设重点镇。

4. "荣成"休闲度假旅游模式

休闲度假乡村旅游模式是集休闲度假和乡村旅游于一体的度假模式，该模式不仅可以让游客亲身体会乡村旅游的快乐，还可以让他们得到休闲和娱乐的满足。为加快休闲农业和乡村旅游发展，推进农业功能拓展、农村经济结构调整和社会主义新农村建设，促进农民就业增收，农业部、国家旅游局于2010年7月下发了《关于开展全国休闲农业与乡村旅游示范县和全国休闲农业示范点创建活动的意见》，决定自2010年起，利用3年时间，在全国培育100个休闲农业与乡村旅游示范县和300个休闲农业与乡村旅游示范点。

山东省荣成市休闲度假旅游一直处在全省先进行列中，2010年"休闲农业与乡村旅游示范县"评选揭晓，全国共有32个县市获得首批"休闲农业与乡村旅游示范县"称号。成为山东省首个也是唯一获此殊荣的县市。近年来,荣成市将发展休闲农业与乡村旅游作为推动新农村建设,促进现代农业特色旅游业快速发展和实现农民持续增收的动力。目前,全市休闲农业与乡村旅游景点50余处,采摘品种20多个,从事休闲农业与乡村旅游的农民达10万多人,占全市旅游从业人员的71.2%。

典型案例:泰安花样年华旅游综合体

一、项目概况

泰安市作为山东省重点旅游城市,宜选点先行先试建设面向本地周边及京沪休闲度假游客群体的原生态、多元化、一体化的乡村旅游综合体区域。在泰山周边地域乡村旅游资源较为丰盈的区域,对其乡村旅游发展进行总体构思、定位和布局等成为山东省乡村旅游振兴计划实施的坚实依托。

泰山花样年华乡村旅游综合体位于泰城东部的省庄镇,距泰安市区6.8公里,处于国家级黄金旅游线路—山—水—圣人的中心位置,区位优势明显,泰莱、泰新、泰良公路及京沪高速公路和辛泰铁路横穿全境。2010年7月省庄镇成功申请旅游强乡镇称号。省庄镇依靠优势地理位置,依靠方特欢乐世界、花样年华、泰山啤酒工业园等大型旅游景点,成功打造了一批具有地方乡村特色的旅游景点,如亓家滩青山生态园、绿柳蔬菜专业合作社、小津口民俗旅游度假村等十几处旅游景点,涉及休闲、度假旅游、生态旅游、民俗旅游等旅游项目,初步形成了具有一定规模的旅游圈。

作为山东省区域经济发展的重要组成部分,以济南市为核心的省会城市圈是体现山东省文脉的"山水圣人旅游线"的核心支撑,其中五岳独尊泰山所在地泰安市毫无疑问是旅游中心,在这种大背景下花样年华乡村旅游综合体有望获得快速成长。

京沪高铁经停泰安站全面打通了泰安旅游交通制约瓶颈,整合周边旅游资源成为现实,以泰山主景区为依托开辟直达旅游线路,为游客提供"一站式"出行服务,把泰安市发展成为旅游集散中心城市从而激活"大泰山"旅游成为可能。长久以来,怎样变"登山游"为"深度游"是困扰已久的难题，也制约泰山由现在的观光型旅游目的地向休闲度假型转变。而京沪高铁将在很大程度上延长游客的停留时间，扩大对周边地区旅游产业发展的带动性，紧邻泰山主景区的花样年华乡村旅游综合体恰逢其时。

二、发展思路

1. 自然花木和人文博阳是发展主脉络

自然花木和人文博阳是花样年华乡村旅游综合体发展的坚实支撑，是最具特色和最为宝贵的旅游资源，是其发展旅游的根本物质基础，要在保护环境和挖掘历史的基础上在此构筑一处景观优美、意境深远、体验丰满、感受独特的泰山乡村旅游精华区。

2. 花卉苗木可培育为最主要的独特竞争优势

项目所在地泰安市泰山区具有独特的温暖湿润的小气候，是南北花卉苗木迁移最适宜的驯化繁殖过渡带，地理条件和气候条件适合各类生态树种、绿化树种和花卉苗木的生长，具有发展花卉苗木独特的区域优势。该区还具有发展苗木花卉业的传统优势，泰安作为历史名城，曾有无数封建帝王和文人骚客纷至沓来，商贾云集，文化氛围浓厚，古树名木繁多，民间素有种植经营花卉苗木的传统，辖区内不仅有上百年的老花园，泰山桂花、月季、菊花、一品红、松柏盆景奇石等更是全国驰名。据此，花样年华乡村旅游综合体的建设可谓十分恰当，要充分发挥花卉苗木种植的优势，将花团锦簇的大田环境作为是综合体发展乡村旅游的最大优势和独特卖点。

3. 泰山民俗将是做活博阳农耕文化的坚实依托

泰山民俗，尤其是历史上博阳古城的人文历史精粹是开发乡村旅游的文化依据和在旅游市场进行宣传的最好招牌。因此，要将乡村旅游的开发进行主题化设计，重点突出历史文化底蕴，深刻挖掘以博阳农耕文化为主体的乡村民俗文化及其优良传统，在此突出体现泰山平安文化的民间化、民俗化，将无形的文化巧妙活化为有形、生动、生活化的旅游产品。

4. 主题化、集约化、创意化的一体发展模式是根本路径

对于劣势和挑战，要高度重视，着力解决。规划组认为，花样年华主景区和周边乡村现有的欠缺和不足并非难以逾越，在认清乡村旅游产

业发展的大好趋势和全省旅游市场的转型态势的前提下，充分发挥本地优势，紧紧抓住机遇，尽最大可能消除劣势影响，化威胁为机遇，尤其在正确规划目标的指引下，完全可以通过主题化、集约化、本地资源和规划的"智力"资源的对接来实现跨越式的旅游发展。这才是走有当地特色旅游发展之路的必然选择。

三、愿景——建设具有全国示范意义的平原风情乡村旅游综合体

依托优美的花木自然生态、深厚的泰山地域文化、独特的民俗风情、多元的乡村产业、丰富的乡土物产等资源，以市场需求为导向，以提升乡村、传承历史、活化文化、富裕乡民为理念，以壮大乡村旅游产业为重点，全面整合景区和乡村旅游资源，精心培育乡村旅游业态，把泰山花样年华建设成山东省重要的乡村旅游目的地，使得现代乡村旅游产业成为拉动泰安市旅游产业深度发展的重要引擎，成为实现"大泰山旅游"格局的重要抓手。

四、功能分区

一心（花样年华核心区）、一带（生态慢游绿道带）、四区（引导空间、乡间民俗体验区、田园绿洲休闲区、庭院农家度假区）。

引导空间：引导空间是游客进入主景区的车行大道，长度约为1200米，通过加强花卉苗木的植入，构筑景观廊道，以体现"花团锦簇"和"青春年华"的意境为主题，以打造休闲农业体验通道和生态绿色观光通道为主要功能。

花样年华核心区：花样年华核心区作为已经建设较为完备的4A级旅游景区，将现有景区进行品质提升和功能强化是本轮规划设计最主要的目标指向，针对景区现有的空闲地进行规划设计。弥补其"空间工厂化"的布局缺陷。要立足于高效运营泰山花样年华景区，按照5A级景区的标准，在建设水上运动、游客中心等高端配套旅游项目的基础上，进一步完善旅游功能、加强花卉景观打造、引进一流的运营机构、提高景区经济效益，真正将其打造成为代表现代农业发展水平的靓丽名片。

乡间民俗体验区：泰山民俗文化内容广泛，它以信仰和祭祀民俗为中心，涉及民俗事象的方方面面，具体包括五大方面，即山石崇拜、泰山神祇、民间香客、经济习俗和游艺竞技。本策划项目力求将历史时期活跃在泰山及其周边的民俗文化加以整理和挖掘，在花样年华复活农耕

时期的特色民俗文化，不仅服务于外来的旅游者，也对周边的居民形成吸引，在指挥广场十字纵深的街区形成民俗集市。

田园绿洲休闲区：全面提升大田苗圃品质，选种观赏性强、生长性优、寓意性好的苗木，在现有苗木培育为主的基础上升级为苗木花卉观光园；通过园区道路改造和连接，选择6个规模适宜的地块建设景观绿岛、打造风情绿洲，形成游客游览、休闲及娱乐的集聚区；以静雅的植物花卉观赏和私密的友人休闲聚会为主要服务功能，形成田园休闲的良好氛围；其他区域保持原有苗圃格局不变，中间形成连通的绿道网络；田园绿洲内根据客源情况适度开发服务接待设施，主要提供文化娱乐、小型会议、商务洽谈、冷餐聚会、茶吧酒吧、棋牌书屋等休闲服务，建设过程中要保证景观比例大且有差异化的视角，设施要精炼。

5.2 山东省乡村旅游发展困境与存在的问题

乡村旅游一直是山东省旅游经济的重要组成部分。截至2014年底，山东已建成旅游强乡镇248个、旅游特色村284个、农业旅游示范点380个、"好客人家"农家乐627个、乡村旅游专业合作社315家、全省规模化开展乡村旅游的村庄2550个、经营户4.8万户、从业人员20.1万人。2015年，全省乡村旅游接待3.3亿人次，收入1806.7亿元，增长20%以上。山东省人民政府《关于提升旅游业综合竞争力加快建成旅游强省的意见》（鲁政发〔2013〕16号）指出，预计到2017年，山东省乡村旅游的总收入要达2250亿元，占农业增加值的比重达30%左右，占旅游总收入的比重达25%左右。

虽然山东省乡村旅游已经取得了巨大进展，但是乡村旅游品质仍有待提升。据统计显示，2014年山东省乡村旅游消费调查数据显示，青岛市乡村旅游的人均消费最高，为367元/人次，济南市为212元/人次，大多数地市乡村旅游人均消费都在200元以下。由此可见，目前山东省乡村旅游市场的火爆和旅游收入的激增是基于旅游者规模不断扩大的外延式增长，而非是基于人均旅游消费提升的内涵式增长，山东省乡村旅游发展面临一系列困境。

5.2.1 山东省乡村旅游发展困境

1. 单一的旅游产品模式使乡村旅游生命周期逐渐缩短

经过 30 多年的发展，山东省目前初步形成了以农（渔）家乐休闲旅游为主体，以休闲观光农业和古镇古村文化休闲旅游为两翼的乡村旅游产品体系，并培育了胶东渔家、沂蒙人家、泰山人家、曲阜人家等独具特色的地域品牌。但是以"采摘、赏花、垂钓"为主要内容的农家乐乡村游模式却几乎 10 年未变，单一的旅游产品模式使乡村旅游生命周期逐渐缩短，对市场的吸引力逐步降低。

有许多旅游景区长时间不注意建立自身旅游产品特色，简单地认为仅仅依靠现阶段具有的农田、牧场、养殖场、果园就能顺利建成乡村旅游区，并维持其高效、持续运转。也有地方认为，只要有资金投入，建立起旅游点就能保证当地乡村旅游的发展，有些地区把其他地方的各种旅游休闲元素都简单叠加在一起，以为就是乡村旅游景区，就可以支撑起当地的乡村旅游业，其实这样的景点是严重缺乏内涵的，它的存在也是不能长久的，但是这样的地方在山东省不是少数，大量存在。

2. 薄弱的乡村旅游供给体系导致乡村旅游档次难以提升

从乡村旅游的发展过程来看，农家乐只是乡村旅游的初级阶段，在经过了乡村观光和乡村度假两个过渡阶段之后，最终融合乡村特色和城市休闲业态的乡村生活才是乡村旅游的终极阶段。所以在发达国家，乡村旅游属于高端旅游的范畴。目前山东省乡村旅游仍处于自发的点状经营阶段，受单一的投资主体的局限，缺乏统一规划和特色化经营，产品的同质性和发展思路的相似性，导致乡村旅游供给体系较为薄弱，在旅游六大要素中，除了吃和游相对成熟以外，其他环节存在严重不足，与游客的休闲性、体验性需求相差甚远，乡村旅游档次难以提高。随着国家现行法定假日制度的调整和大众旅游休闲时代的到来，为乡村旅游进入新的发展阶段提供了难得的机遇，开发一批高端乡村旅游产品成为今后山东省乡村游产品开发的重点。

3. "乡村性"的不断缺失导致乡村旅游可持续性逐渐降低

从要素组合的角度来看，乡村旅游就是将建筑、街巷、田野、山水等基本要素，和乡村生活状态、社会组织形式、传统文化等历史空间元素，进行有机组合开发成产品，而对"乡村性"的挖掘与提炼是乡村旅游发展的生命线。乡村性是乡村区别于城市的文化基因，是乡村旅游的本质特征。山东省乡村旅游的发展过程中，城市化现象严重，景观、生态和文化层面"乡村性"不断缺失，导致乡村旅游可持续性逐渐降低，增长乏力。2016 年青岛市乡村旅游的重游率仅有 10% 左右，而四川省成都市为 45%，发达国家则能达 80% 以上。

5.2.2 困境背后的原因

1. 乡村旅游开发缺乏规划，一些地方存在盲目开发现象

受到乡村旅游利好消息的影响，多年来山东省一些地方不管自身条件，仅凭一腔热情建立乡村旅游项目，不能根据自身特色搞特色经营，盲目发展，布局不合理，严重混乱，发展目标不明确，不能突出特色和重点，又急功近利，照搬模仿，缺乏特色，没有差异性，却导致了严重的内部恶性竞争，也未能形成优势互补，合作共赢的局面，不仅极大影响了经济效益的提高，也不利于一个地区建立起自己的旅游品牌，对本地区乡村旅游的健康持续发展带来消极影响。而且有的地方在开发的过程中只注重一时的经济效益，不考虑长远发展，景点建设首先破坏了自身蕴涵的优势，并且人工痕迹太多过于明显。

2. 乡村旅游经营主体弱小，体制不完善

山东省乡村旅游业经过多年的发展，形成了经营主体多元化的格局，农户、集体、企业、外资等多种经营形式并存，但是不可否认，在现阶段，山东省乡村旅游业依然存在着经营主体弱小，体制不完善，抵御风险能力差，组织化程度低，经营管理不科学，旅游服务层次提升困难，利润率低下等问题。造成这样的局面，原因可以从两个方面

进行分析。

一是村民参与乡村旅游的目的性十分单一。绝大部分村民参与乡村旅游开发活动只是为了获得更多收入，再加上村民文化素质相对偏低，对乡村旅游的认识缺乏必要的认识和了解，对乡村旅游要开发和发展的业务并不熟悉，缺乏经营意识、管理意识、市场意识、营销意识、服务意识和创新意识，这些不足直接导致了乡村旅游服务质量低下，难以满足旅游接待服务的要求，也制约了村民没能真正成为发展乡村旅游的主体力量。

二是政府的主导行为不完善。政府在发展乡村旅游过程中应该充分发挥引导、宏观管理的职能，但现阶段山东省部分开展乡村旅游的地区的政府尚不能担当起这样的角色。

3. 乡村旅游未能形成产业链，经济效益低下

所谓旅游产业链就是不同产业的企业分别承担各自不同的价值创造职能，共同向旅游者提供全面的服务和产品，从而获得社会经济和生态效益的合作关系链条。在这个链条中不仅包括政府、农业、信息传媒、交通、园林、保险、银行、餐饮、住宿、酒店、商店、医疗卫生、娱乐设施制造、建筑甚至装修等方方面面。这些要素共同有效的运作才能为旅游者提供完善的和高品质的旅游产品，任何一个环节的缺失或者不足都会导致乡村旅游产品质量的下降和乡村旅游业收益的减少。但是，现阶段山东省在进行乡村旅游开发的过程中未能将旅游产业链向深度和广度延伸，吃、住、行、游、娱、购六要素全面、协调发展的良好格局没有形成，而是仅仅进行了某一环节的开发，有些地区只是注重开发"吃"这一环节，有些地方只是发展"购"这一环节，这样的后果就是不仅制约了旅游资源质量的提升而且也影响乡村旅游收益进一步的增加。

4. 乡村旅游基础设施不完善

基础设施的完善也是乡村旅游开发中重要的一个环节。山东省开发乡村旅游业，从全省范围宏观而言，基础设施建设情况比较完备，经济发达，交通便利，通信设施、电力设施、医疗卫生等建设水平较高。但

是，目前山东省乡村旅游业基础建设不完善的状况主要集中存在旅游目的地。在一些景点，开发乡村旅游业所必需的交通、通信、医疗卫生、电力等建设水平落后。规模太小、档次太低、配套严重不足、设施建设分散等问题大量存在，从而导致了许多问题的出现。交通不便利可能就会导致游客最终放弃旅游计划；医疗卫生不达标就可能导致食物中毒，或者旅游过程中有病不能及时治疗；通信不便利必然导致游客正常生活、工作交往需求不能实现；住宿条件的恶劣就会加大游客对优美环境的巨大心理反差……可见，如果景区基础设施不完善，即使景区具备可口的美食、优越的自然风光、深厚的文化内涵也不能吸引游客前来旅游，这样一来乡村旅游业的发展也就只能变成一句空话，不可能实现。

5. 乡村旅游营销力度不足

目前我国尚未建成可供进行乡村旅游营销和服务的网络，这不仅损害了乡村旅游经营者的利益，也不利于游客旅游目的的实现。一方面，经营者只能靠原始的发传单、吃喝的方式招揽客人、增加客源，效率低下，效果也很不理想。这样的营销方式缺乏主动性和集体意识，不能适应市场的激烈竞争。要摆脱这样的困境，实现经营者和旅客的双赢，突破制约发展的"瓶颈"，建立乡村旅游专门网络无疑是一个有效的途径。目前，山东省已经初步试水乡村旅游专门网络的建设，但不可否认，这个网络依然存在功能简单，信息量少，无法完全满足乡村旅游提供者和接受者全部要求等缺陷。

6. 乡村旅游发展缺乏专业人才

乡村旅游业的开发作为一个专业的旅游经营活动，要求必须具备相当知识面和层次的专业人才，只有规划、管理、宣传、营销等人才相互配合才能实现乡村旅游业的全面发展而不至于出现短板效应。然而现阶段山东省从事乡村旅游业的人员大多为当地农民或村干部，一个人承担起了经营管理、产品生产、宣传策划、营销的全部职责，但由于自身素质的制约，他们在发展乡村旅游过程中，往往不重视诚信、质量和文明，不重视经营管理，而且缺乏服务意识，经营粗放，效益不高，收入低下。

5.3 山东省乡村旅游发展面临的机遇

当前国务院、山东省政府都提出要进一步促进旅游业的发展,不断提高旅游业的发展水平,提高人民群众对旅游业的满意度,把旅游业发展成国民经济的新的支柱产业。在此背景之下,山东省乡村旅游一直不乏利好因素。与此同时,山东省将乡村旅游纳入全省重大发展战略,同新型城镇化建设等深度融合。

5.3.1 一号文件开启乡村旅游发展的新机遇

2014年初,中共中央、国务院《关于全面深化农村改革加快推进农业现代化的若干意见》(以下简称"一号文件")再一次吹响农村农业深化改革的号角。一号文件的基本精神继续强调"处理好政府和市场的关系",因地制宜、允许差异、先试先行进行制度改革和政策安排,以粮食安全和耕地保护为核心,赋予农民更多财产权利,促进城乡一体化,建立农民共享改革成果的具体途径。很显然,农业农村农民并非单一的乡村发展问题,而是涉及中国经济社会全面改革发展的整体格局,旅游业作为现代化和城镇化重要推动力、第三产业的重要组成部分,同样受到这一重要文件的显著影响。

1. 乡村旅游发展是农村产业结构调整的重要形式

一号文件提出了"鼓励发展专业合作、股份合作等多种形式的农民合作社""鼓励发展混合所有制农业产业化龙头企业",其中包括"按照自愿原则开展家庭农场登记"等新形式的农业产业化促进政策。可以预见,在这一政策鼓励下,会有一批立志于开发乡村第三产业的开发者、投资者进入农业、进入乡村,与农民开展合作,在设施农业、观光农业、休闲农业、乡村度假、古村落古镇旅游开发等领域图谋发展的"混合所有制"龙头企业将会应运而生。但从一号文件明确的"大力发展主体多元、形式多样、竞争充分的社会化服务,推行合作式、订单式、托管式等服务模式，扩大农业生产全程社会化服务试点范围"这一原则性指导方针来看，既然是"全程社会化服务"，只要具有一定的"公益性服务"特征，就可以"通过政府购买服务等方式，支持具有资质的经营性服务组织"，其中也必然会包括农业与服务业结合的企业组织，进入乡村发展休闲农业和乡村度假业。旅游局作为政府的一类机构，当然也就可以购买为市民大众提供休闲农业和乡村旅游的"公益性服务"。

要推动农业结构调整，就要"发展多种形式规模经营"。政府鼓励农民将其手中的承包土地的经营权进行流转，在土地经营权流转市场上实现交易。工商企业流转农业用地，其中有一部分会属于旅游开发企业，这些受鼓励的企业进入农用地规模化经营，包括休闲农业的经营。

农业地区的商业流通服务在一号文件中也受到高度重视，在"制定全国农产品市场发展规划"过程中，对"产品收集市场、集配中心""农产品现代流通综合示范区"建设予以关注，并且通过供销合作社系统来"加强新农村现代流通网络和农产品批发市场建设"。这一系列规划政策，对城市自驾旅游者而言，以直销有机、绿色食品为特色的乡村购物中心，将会产生积极的影响；基于电子商务服务的定点供应高星级酒店、餐馆和高端人群的后乡土有机农产品的供应链的形成和发展，也会迎来快速发展。

农业产业结构升级和农村社会经济发展离不开金融资源的支持，但长期以来中国农村却是金融资源的洼地。为了解决农村发展资金动力不足的问题，一号文件提出了"优先保证'三农'投入稳定增长"的倾斜政策，"充分发挥财政资金引导作用，带动金融和社会资金更多投入农业农村"；并且期望通过全国中小企股份转让系统，推出"新三板"上市募集资金的渠道，"推动证券期货经营机构开发适合'三农'的个性化产品"。

2. 农村受污染环境治理和生态恢复建设有利于提高乡村旅游吸引力

一号文件指出，要"加大农业面源污染防治力度，支持高效肥和低残留农药使用"，为此应"抓紧编制农业环境突出问题治理总体规划和农业可持续发展规划"，积极"开展村庄人居环境整治"，"以治理垃圾、污水为重点，改善村庄人居环境"。

一号文件十分强调农村生态恢复、保护、建设的力度。广义的乡村地区，包括天然林保护地区、风沙源治理区、国有林区、矿迹恢复区、天然草原退牧还草区、草原自然保护区等广泛领域，一号文件要求这些地区都要"抓紧划定生态保护红线"。为了促进公益林、草原保护区、江河源头区、重要水源地、重要水生态修复治理区和蓄滞洪区的生态恢复和生态建设，中央政府力推"生态补偿制度"，"建立生态补偿机制"。从乡村地区生态恢复与建设抓起，将会提高乡村地区对城市客源市场的吸引力，为乡村地区旅游产业的兴起和健康持续发展，提供良好的资源条件。乡村地区的休闲农业、观光农业、森林旅游、草原旅游、生态旅游和生态休闲度假产业，将会迎来一个不可多得的发展机遇。

3. 农村集体土地权能逐步入市，吸引和激励对乡村旅游的中长期投入

中国农村的土地制度及其改革涉及国家的长治久安，中国城镇化事业健康发展和农村农业的稳定安全同样离不开农村集体土地的制度创新话题。一方面，为了国家粮食安全，必须实施"最严格的耕地保护制度"；另一方面，为了提高土地利用效率和保障利益分配公平，必须"赋予农民对承包地占有、使用、收益、流转及承包经营权抵押、担保权能"。对于后者，一号文件提出的解决方案基于农村土地集体所有权、经营权的资本化改革思路的落实。"放活土地经营权，允许承包土地的经营权向金融机构抵押融资"，确权、确地、确股多确齐下，基本出发点是资本化的融通。一句话，土地资本化和土地入市是总的改革方向，但对于不同领域的土地（主要包括农村集体经营性建设用地、农民宅基地、国家征用集体土地三种情况），一号文件分别采取不同的改革速度、采用不同深度的改革方式。

对于农村集体经营性建设用地，可以立即有条件入市，允许出让、租赁、入股，并与国有土地"同权同价"；对于农民宅基地，则需"慎重稳妥"，通过试点逐步推进抵押、担保、转让，不可"抢跑越线"；对于国家征用集体土地，不仅需要一次性经济补偿，"还必须对农民的住房、社保、就业培训给予合理保障"。

上述三类土地的资本化及逐步入市改革，将会促进乡村地区、特别是环城市地区多业态混合社区的形成。在农村建设用地实现市场化、资本化改革过程中和改革完成之后，农民直接参与多种股份合作制的机会就会明显增加，一号文件对此提出了"农村集体产权股份合作制改革"的号召，"赋予农民对落实到户的集体资产股份占有、收益、有偿退出及抵押、担保、继承权"，农民的这些权能，可以拿到"农村产权流转交易市场"去交易，将"农村集体资金、资产、资源"进行有效管理。这一模式将会促进外部资本及技术的进入，与资本化后的集体资本进行混合，构成共生的混合经济。作为外来投资者和管理者而言，由于产权结构清晰，合作模式政策风险降低，不再急于快速得到投资回报，中长期投资计划同样也有其存在和发展的可能，艺术精品、未来遗产形式的旅游产品将会不断涌现。外部专业化旅游发展公司与农民联合形成混合所有制，可以弥补农民创建、管理乡村旅游经验和技能不足的问题。

除了资本化优势，一号文件还给涉农企业提供了某些土地利用指标的支持政策："在国家年度建设用地指标中单列一定比例专门用于新型农业经营主体建设配套辅助设施"。这就是说，今后国家建设用地计划中，将会列出专门指标，用于新型农业经营主体建设配套设施。一旦休闲农业和乡村旅游也被视为一类"新型农业经营主体"，有关企业就可以申请此类用地了。

4. 新旧并举开发休闲农业与乡村旅游的系列产品

乡村旅游的产品开发在一号文件出台之后也会带来一系列变化，可以用一新一旧、新旧并举来表述。

一新就是在现代农业科技支持下，新型农业产品与农业景观带来的农业旅游示范点的形成。一号文件中提及的园艺作物标准园、国家农业科技园区、现代农业示范区、畜禽规模化养殖场、水产健康养殖场等活动空间，以及这些空间呈现的现代农业产业技术等，都为新型观光农业的产品开发提供了广阔舞台。

一旧就是在普遍的城镇化、新农村建设过程中加强对传统村落和历史文化民居的保护，"制定传统村落保护发展规划，抓紧把有历史文化等价值的传统村落和民居列入保护名录，切实加大投入和保护力度"。这在传统乡村景观迅速消失的今天，显得尤为迫切。重视保护传统村落，有利于古镇、古村旅游的发展。实际上，正是乡村旅游的经济影响，防止了一刀切式的旧村落的迅速拆毁。过去一段时间以来，有一些文化遗产和住建城规专家诟病旅游发展带来的过度商业化对古镇古村氛围带来了一定程度的破坏。但相比之下，旅游带来的影响只是给传统村落换了一套衣裳，身体本身没有变；而一些地方的撤村并镇和新农村运动，直接从肉体上消灭了传统村庄。为了我们的未来有几处可以记得起乡愁的地方，让城市居民有若干处乡村休闲和乡村度假的天堂，保护传统村落并为此立法，已成了刻不容缓的任务。

5.3.2 《关于促进旅游业改革发展的若干意见》加大乡村旅游发展力度

2014年8月9日，国务院印发《关于促进旅游业改革发展的若干意见》（国发〔2014〕31号），指出大力发展乡村旅游。依托当地区位条件、资源特色和市场需求，挖掘文化内涵，发挥生态优势，突出乡村特点，开发一批形式多样、特色鲜明的乡村旅游产品。推动乡村旅游与新型城镇化有机结合，合理利用民族村寨、古村古镇，发展有历史记忆、地域特色、民族特点的旅游小镇，建设一批特色景观旅游名镇名村。加强规划引导，提高组织化程度，规范乡村旅游开发建设，保持传统乡村风貌。加强乡村旅游精准扶贫，扎实推进乡村旅游富民工程，带动贫困地区脱贫致富。统筹利用惠农资金加强卫生、环保、道路等基础设施建设，完善乡村旅游服务体系。加强乡村旅游从业人员培训，鼓励旅游专业毕业生、专业志愿者、艺术和科技工作者驻村帮扶，为乡村旅游发展提供智力支持。

5.3.3 《关于进一步促进旅游投资和消费的若干意见》开启乡村旅游提升计划

2015年《关于进一步促进旅游投资和消费的若干意见》出台，文件首次系统详细提出了实施乡村旅游提升计划。包括：开发建设形式多样、特色鲜明、个性突出的乡村旅游产品，举办具有地方特色的节庆活动；注重保护民族村落、古村古镇，建设一批具有历史、地域、民族特点的特色景观旅游村镇；完善休闲农业与乡村旅游配套设施；重点加强乡村旅游特色村的道路、电力、饮水、厕所、停车场、垃圾污水处理、商贸流通体系和信息网络等基础设施和公共服务设施建设，加强相关旅游休闲配套设施建设；开展百万乡村旅游创客行动；通过加强政策引导和专业培训，三年内引导和支持万名返乡农民工、大学毕业生、专业技术人员等通过开展乡村旅游实现自主创业；鼓励文化界、艺术界、科技界专业人员，发挥专业优势和行业影响，在有条件的乡村进行创作创业，至2017年，在全国建设一批乡村旅游创客示范基地，形成一批高水准文化艺术旅游创业就业乡村；加大对乡村旅游扶贫重点村规划指导、专业培训、宣传推广，组织开展乡村旅游规划公益扶贫活动，对建档立卡贫困村实施整村扶持，至2020年，扶持6000个旅游扶贫重点村开展乡村旅游，实现每个重点村乡村旅游年经营收入达100万元；全国每年通过乡村旅游带动200万农村贫困人口脱贫致富。

5.3.4 全域旅游理念将乡村旅游发展推进新高地

2016年全国旅游工作会议上，国家旅游局局长李金早做了《从景点旅游走向全域旅游，努力开创我国"十三五"旅游发展新局面》的工作报告，提出将全域旅游作为新时期的旅游发展战略。全域旅游是指一定区域内，以旅游业为优势产业，以旅游业带动促进经济社会发展的一种新的区域发展理念和模式。全域旅游是把一个区域整体当作旅游景区，是空间全景化的系统旅游，是跳出传统旅游谋划现代旅游、跳出小旅游谋划大旅游，是旅游发展理念、发展模式上的根本性变革。

1. 全域旅游是一种发展新模式新战略

全域旅游是我国新阶段旅游发展方式和发展战略的一场变革。推进全域旅游就是跳出旅游抓旅游，抓旅游就是抓全面创新发展。全域旅游是旅游行业全面贯彻落实五大发展理念的战略载体，将成为中国优秀旅游城市之后，综合统筹推动旅游目的地建设极佳载体。通俗说，全域旅游就是全域按照景区理念、标准进行建设、管理和服务。发展全域旅游，就是按照五大发展理念，从战略全局推进旅游发展，要与五位一体建设、五化同步发展等重大战略结合，综合立体推进发展，抓旅游就是抓新型城镇化，就是抓美丽乡村建设，就是抓生态文明建设，就是抓民生，抓特色产业培育。全域旅游不仅是一种新的旅游发展模式，更是一种新的区域发展模式，是县域经济、市域经济在新常态下的一种创新形态和模式。

2. 全域旅游是一种旅游目的地新形态新品牌

发展全域旅游是用新的思维方式谋划新的发展方式，贡献新的生活方式，培育一种优秀旅游目的地品牌。对于游客而言，全域旅游是一种新的目的地形态，是一种新的旅游生活方式。全域旅游形成新型的目的地，形成一个旅游相关要素配置完备、能够全面满足游客体验需求的综合性旅游目的地、开放式旅游目的地，能够全面动员、全面创新、全面满足需求的旅游目的地。全域旅游注重公共服务系统配套，注重生态环境和社会文化环境整体优化，旅游要素配置全域化，统筹建设旅游目的地。以游客体验为中心，以提高游客满意度为目标，整体优化旅游服务全过程，提供全过程体验产品，全面满足游客体验需求，围绕市场构建主打旅游产品，形成全域化旅游产品业态，是公共服务便捷、旅游产品丰富、处处是风景、环境优美、便于自驾自助旅游的优秀旅游目的地。

3. 全域旅游是一种新的综合改革平台和载体

全域旅游也是推进旅游综合改革和创新发展的平台和载体，推进全域旅游就是要构建大旅游综合管理体制机制，整个区域的管理体制机制都应有旅游理念和标准，围绕旅游来统筹经济社会各方面发展，推动新型城镇化发展、美丽乡村建设，推动相关产业调整发展，推动基础设施建设，探索发展新模式、新路径。旅游管理全域化、全过程优化，推进建立旅游综合协调管理、旅游综合执法、旅游综合统计监测、旅游综合规划管理、旅游社会参与等体制机制。

4. 全域旅游构建一种新的复合型空间

这个新型的复合空间内的生态、农业、文化、产业等其他功能和价值在得以继续保持的基础上，附加了旅游消费体验等新功能，使得同一个区域成为一个多种功能叠加、多重价值衍生提升的复合型新空间。全域旅游新空间，是保护利用好生态、挖掘好文态、优美好形态、培育好业态、形成活态的完美结合，是生态、生产、生活、生命、生意的完美结合。各种要素聚合、各种功能叠加、各种价值放大、各种利益共享、各种物质和非物质文化和生态得以传承发扬，旅游发展从"围景建区、设门收票"向"区景一体、产业一体"转变，促进旅游与其他产业融合，实现全域辐射带动。

5. 全域旅游是新的发展趋势和方向

全域旅游不是一个赶时髦的标签，而是一场具有深远意义的变革，是旅游业发展到现阶段的一种新形态、新理念、新模式，是区域旅游发展走向成熟的标志，也是世界旅游发展的共同规律和总体趋势，代表现代旅游发展的新方向。纵观世界著名的旅游目的地，无不是全域旅游发展的典范。瑞士、新西兰、法国、西班牙、澳大利亚等著名的旅游胜地，都是纯净的生态、优美的环境、风情浓郁的美丽小镇和乡村、高品质的旅游区、美丽风景道、特色旅游要素的集成。我国的桂林、成都、张家界、九寨沟、琼海等著名的旅游目的地，也无不是风景、风情、风物、风尚、风气在空间上的完美结合。

5.3.5 "供给侧改革"为乡村旅游提供新思路

2015年11月，中央九天四提"供侧改革"，要求在适度扩大总需求的同时，着力加强供给侧结构性改革，提高供给体系的质量和效率。紧接着中央经济工作会议又特别强调，供给侧结构性改革是适应我国经济发展新常态的必然要求。随后，"供给侧改革"成为高层讲话热词和社会热议话题。许多专家学者和旅游业界人士认为，供给侧改革是"十三五"时期我国经济发展的主旋律和风向标，它将惠及现代服务业，给旅游业带来巨大红利，或将彻底重构中国旅游业，使旅游业成为供给侧改革的排头兵。当前乡村旅游产品结构单一，质量参差不齐，同质化现象严重，优质产品供给不足，供给侧结构性问题日益突出，严重制约我国乡村旅游的健康持续发展。只有在政府的正确引导下，有效激发市场主体积极参与供给侧改革，有效调整乡村旅游供给结构，补齐乡村旅游短板，提升乡村旅游供给质量和效率，才能提供适合市场需求和引领市场需求的产品，推动乡村旅游供需在更高水平上健康发展，实现乡村旅游转型升级。乡村旅游供给侧改革应重点从生产要素、产品结构、产业结构和消费环境四个方面进行深化改革，有效进行产品优化与产业结构的调整，提升供给体系的质量和效率，从而实现我国乡村旅游的转型升级和可持续发展。

5.4　山东省乡村旅游实践

乡村旅游供需两旺，是山东省旅游业的突出特点和优势。近年，山东共打造旅游强乡镇82个、旅游特色村282个、规模化乡村旅游点400多个、工农业旅游示范点260个、精品采摘园261个、好客人家星级农家乐1318个。2015年，山东61个村被国家旅游局命名为中国乡村旅游模范村，总数全国第一，全省乡村旅游接待人数增长至3.3亿人次，乡村旅游收入实现1806.7亿元。目前山东省财政已累计统筹安排资金6.2亿元。

乡村旅游有三项重点工作，一是规划；二是厨房厕所卫生；三是人员培训。其中规划是基础，卫生是基本要求，人员培训是关键环节。山东省自2013年起设立乡村旅游发展扶持资金，对27个省级旅游强县（市）进行新一轮的乡村旅游规划给予补贴，统筹规划新一轮乡村旅游跨越式发展。同时，立足部分乡村的良好生态环境，特色民俗文化，山东省通过编制乡村旅游规划、实施改厕改厨、组织带头人到境外培训等手段，推动乡村旅游协同发展。

5.4.1　山东省乡村旅游规划全面启动

2013年9月，山东省县域乡村旅游规划编制工作全面启动。山东省旅游局下发了《关于做好县域乡村旅游规划编制工作的指导意见》，对规划编制过程中的问题提出具体要求。《意见》指出，要按照全域、系统、准确的原则，对区域内的农业、生态、民俗和名人、名居、古村、古镇、古建筑、古树名木以及各类非物质文化遗产进行全面普查登记，这是搞好规划的重要前提。要按照乡村旅游是高端、高品质旅游的标准认真编制规划，做乡村旅游规划精品。山东省乡村旅游规划整体思路如下：

1. 让滨海的乡村旅游高起来

山东省提出在3100公里海岸线上打造"仙境海岸"品牌，整合海岸带和滩、湾、岛、礁等滨海资源，以"仙居、道饮、仙游、学道"为主题产品，开发各具特色的滨海休闲度假综合体单元，打造可供游客3~5天休闲度假的滨海旅游目的地。滨海乡村旅游开发要抓住半岛城际高铁、滨海景观大道、城乡道路改造等重大工程实施的机遇，充分发动沿海大批旅游地产商完善旅游功能，与旅行社、旅游部门形成"联合推介、捆绑营销"机制，让旅游地产商成为滨海乡村旅游发展的生力军。

2. 让河流、湖泊等水面动起来

因地制宜、因水制宜，开发一些游船、游艇、垂钓、漂流、水上运动等项目，在有条件的地区可以引进一些国家级大型水上比赛项目，创新开发一些现代时尚项目。要重视夜间水上项目开发，策划举办一些水上演出、水幕电影等项目。山东省旅游局已确定在莱芜雪野湖、枣庄山亭翼云湖搞游客学习帆船驾驭试点，让帆船运动成为水上旅游的热门产品。

3. 让山岳热闹起来

山岳的负氧离子含量高，是宝贵的养生之地。乡村旅游规划要把山岳作为重点，围绕让山岳热闹起来，规划一批登山、攀岩、滑雪、划草、游洞、漂流、探险等项目。利用民间传说、山上的古刹名寺等，策划一些群众性祈福活动。

4. 让古村、古镇等古文化资源活起来

要坚持保护第一、开发服从保护、重点突破营销的思路，针对古建筑、古村落、名树古木的不同特点，策划产品开发、营销方案，推动遗产活化。

5. 让原生态旅游火起来

乡村旅游规划必须高度关注生态质量，所有项目开发，都必须坚持生态优先原则，努力做到少用钢筋水泥、少污染、少排放，使旅游对环境的负面影响减到最小。要制定标准，建设颁布一批山东 A 级沙滩、湿地、河道、湖泊、山岳、森林等原生态景区。

5.4.2 山东省"改厨改厕"工作大力开展

早在 2006 年，山东省就在全国率先开展了"旅游厕所革命"。2013 年起，山东省开始安排部署乡村旅游"改厕改厨"工作，同时还颁布了《山东省乡村旅游经营业户"改厕改厨"标准》，要求旅游厕所在完善硬件建设的同时要注重提升软件服务，做到布局科学、功能完善、管理严格、服务人性化。这次聚焦乡村旅游经营业户的厕所厨房，是山东省财政拿出真金白银支持"改厕改厨"，力度之大前所未有。

"双改"的基本要求是乡村旅游经营业户要配备基本的设施设备：冰箱、消毒柜、抽油烟机、排气扇、抽水马桶、洗浴设施以及上下水、操作台等基本的设施；达到基本的卫生标准：食品生熟分开、餐具消毒及时、环境清洁卫生。其中，厕所改造标准包括，厕所为独立功能区，有明显的指示标志；通风、照明设备良好，有防蚊蝇、除臭等措施，清洁、卫生、无异味；抽水马桶完好无破损，配备卫生纸，垃圾清理及时；地面贴瓷砖，并经防滑处理；装修使用无毒材料，吊顶防水防潮等。厨房改造标准包括有相对独立的功能区，位置合理，设施设备配备齐全，面积与餐位数量相适应，通风、照明设备运转良好；各类管线，包括冷水、热水、液化气管线等排列合理、整齐，便于检修和清洁卫生；初加工、烹调、冷菜制作、洗碗等功能区相对独立，食品粗加工与制作分设或隔离；冰柜（冰箱）等冷藏、冷冻、保鲜设备运转良好，冷冻、冷藏、保鲜食品标注清晰，分类储存；餐具清洗及时或集中统一清洗，餐具消毒及时，消毒柜运转良好；消防设施设备完备有效，符合相关安全标准等。

5.4.3 人员培训力度不断加大

专业人才缺乏是乡村旅游业发展的一个关键性制约因素。乡村旅游业的开发、经营和服务人才应主要通过对当地人员的培训来解决，这就需要各级政府和旅游主管部门与专业培训机构合作来完成，政府、旅游主管部门应建立常规化的乡村旅游人才培训机制，通过直接举办专业培训班和服务外包等形式对全省乡村旅游企业和县、乡镇、村旅游管理人员等进行不同层次的培训。

为进一步深化乡村旅游从业人员培训，山东省旅游局重点搞好面上指导，负责制订全省培训计划，建立乡村旅游专家（师资）库，统一编印、免费下发乡村旅游培训教材。同时，负责培训乡村旅游师资和市、县（市、区）乡村旅游业务骨干，以及乡（镇、区、街）、村乡村旅游示范业户。从2013年开始，山东省"开全国之先河"实施乡村旅游带头人培养计划，每年由省财政拨付专款，派1000名乡村旅游带头人去台湾地区观摩乡村旅游并交流经验。今后将进一步加大教育培训力度，以《好客山东乡村旅游服务规范》为重点，突出服务理念和服务技能，同时兼顾经营管理，力争通过2~3年的努力，将全省乡村旅游从业人员轮训一遍。同时，邀请省外乡村旅游发展先进地区来山东省传经送宝，组织省内重点乡村旅游经营单位到省外考察、交流和学习。

第6章

新型城镇化背景下山东省乡村旅游优化发展路径

山东省委省政府从新型城镇化特别是从根本上解决"三农"问题的战略高度，做出了发展乡村旅游的系统部署。发展乡村旅游不能仅从旅游产业单一发展的角度来思考和定位，现代新型城镇化背景下的乡村旅游，是以内需为导向的产业发展先导模式，应当通过内需型产业的深度融合与发展，拉动乡村旅游产业的规模化发展和全面质量提升，推动乡村土地配置市场化、农村土地资本化，提升和保证农民的基本财产权利，优化农村资源配置和产业结构，直接带动农民就地就业、农业就地转型、农产就地增值、农村就地城镇化，是推进人的城镇化、产业城镇化、乡村环境城镇化的重要路径。

新型城镇化背景下，按照《山东省乡村旅游业振兴规划》和《山东省国民休闲发展纲要》的总体部署和要求，规划和建设具有多样化功能的现代乡村，改变自发性、零散化的乡村旅游业态，已经成为山东省乡村旅游发展提升档次、升级换代的迫切需要。

6.1 乡村旅游理念升级

思路决定出路，理念决定格局。新型城镇化背景下，只有坚持正确的发展理念，山东省乡村旅游才能实现在产品、业态、营销、管理等方面转型升级。

6.1.1 推进乡村全域旅游

全域旅游是指一定区域内,以旅游业为优势产业,以旅游业带动促进经济社会发展的一种新的区域发展理念和模式。全域旅游是把一个区域整体当作旅游景区,是空间全景化的系统旅游,是跳出传统旅游谋划现代旅游、跳出小旅游谋划大旅游,是旅游发展理念、发展模式上的根本性变革。

1. 全域旅游的五个"全"

推进全域旅游发展,要具备五"全"覆盖的特征:

(1) 旅游景观全域优化。发展全域旅游,按景区标准规划建设,要整体优化环境、优美景观,推进全域景区化。要形成处处是景观,处处可以欣赏美、传播美的优美景区环境。推进旅游景观生态全域覆盖,创造优美旅游环境,将有吸引力的资源、产业、元素都转化为旅游新产品和新的吸引物。城镇建设除了满足居民居住生产功能,还要注重文化特色和对外来游客的服务。水利建设不仅要满足防洪、灌溉,还要为游客提供审美游憩价值和休闲度假功能。交通建设和管理,不仅要满足运输和安全,道路还应建成风景道,完善自驾车旅游服务体系。林业生态建设,除了满足生态功能,还要有形成特色景观吸引和配套旅游服务功能。农业发展,除了农业生产,还应满足采摘、休闲等需求。美丽乡村建设,除建成当地农民的幸福家园,还应建成休闲度假乐园。

(2) 旅游服务全域配套。全域旅游必须要旅游要素和服务全域覆盖,构建随处可见的温馨便捷服务。全域旅游不只停留在景点、景区、宾馆、饭店,而是更加注重公共服务的系统配套,旅游要素配置全域化,统筹建设旅游目的地。以游客体验为中心,以提高游客满意度为目标,整体优化旅游服务的全过程。全域旅游的旅游质量和形象由整个社会环境共同构成,以前旅游从业者是导游、服务员,现在整个区域的居民都是服务者,都是主人,从旁观者变为参与者,大家都是旅游环境的一部分。

(3) 旅游治理全域覆盖。发展全域旅游,需要构建大旅游综合管理治理体制机制，在旅游资源富集、旅游产业突出优势的区域，整个区域管理体制机制，都应有旅游理念和标准，围绕旅游来统筹经济社会各方面发展，推动新型城镇化发展、美丽乡村的建设、推动相关产业的调整发展，推动基础设施的建设，探索出发展新模式、新路径。按照全域景区的理念标准，旅游管理全域化、全过程优化，实现旅游业与经济社会相互促进、相互提升，区域治理体系和治理能力现代化与旅游业转型升级的同步发展。

（4）旅游产业全域联动。发展全域旅游，促进相关要素和产业在空间上集聚，构建新的产业生态系统。发展全域旅游，要形成特色旅游产品集群，推进各种产品、业态和产业的融合发展，发挥"旅游+"的综合带动功能，各行业融入其中，促进旅游与其他产业融合，产业链条全域化，形成全域化旅游产品和业态。推动旅游业与其他产业共生共荣，形成相关产业全域联动大格局。

（5）旅游成果全民共享。全域旅游是释放旅游业综合功能、共享旅游发展红利的平台和载体。全域旅游打破围墙、打破空间封闭，形成共建共享的旅游发展大格局，有利于共建共享美好生活、共建共享基础设施、共建共享公共服务、共建共享生态环境。推进全域旅游，搞好城乡旅游互动和城乡一体，不仅能够带动广大乡村的基础设施投资，促进农村的厕所革命、道路建设、农田改造等，提高6亿多农业人口的福祉，还能提升7亿城市人口的生活质量，并形成统一高效、平等有序的城乡旅游大市场。这既是全面建成小康社会的重要内容，也是全面建成小康社会的重要标志，将进一步增强居民和游客的参与度与共享度。

2. 全域旅游的五个"不"

正确理解全域旅游，要防止一些认识误区。要避免念歪经、走错路，否则全域旅游就不幸成为全域破坏。

（1）全域旅游不是全域开发。推进全域旅游发展不是到处搞旅游开发、到处建设项目。全域旅游是一种积极有效的开发性保护模式，要突出保护，通过全面优化旅游要素、基础设施、旅游功能、旅游要素和产业布局，更好地疏解和减轻核心景区承载压力，更好地保护核心资源和生态环境，实现设施、要素、功能在空间上的合理布局和优化配置。

（2）全域旅游不是全域景区。全域旅游并不是到处建设景区景点，更不是到处建设收门票的景区点。恰恰相反，全域旅游更加关注建设适应自助旅游的公共服务体系，要打开围墙建设无边界的旅游区，到处都是风景而非到处是景区景点，到处都有接待服务而非到处都是宾馆饭店，千万不能把增加景区景点数量等同于发展全域旅游。

（3）全域旅游不是全域同质同步发展。全域旅游要统筹规划建设，实现交通等基础设施和公共服务的全域一体化，品牌一体化，服务一体化，千万要注重全域旅游中各地区、节点之间的差异化和特色化发展，形成各自的文化特色、功能特色、产品特色、业态特色、服务特色。推动全域旅游发展，要协调好景区、社区（城镇、乡村）、风景道、产业区、生态区、文化区等的关系，发挥各自特色，差异化发展，实现相互的完美组合。同时，全域旅游中不同区域，要注意突出重点，时间上要有先有后，要因地制宜，千万不能一哄而上，导致恶性竞争。

（4）全域旅游不是全一模式。创建全国生态旅游示范区，国家旅游局提出一些基本标准，这是为了使创建工作有一个基本遵循，使示范区达到一个基本的共同要求。但如何推进全域旅游，需要各地因地制宜，从实际出发探索各具特色的发展模式路径，探索针对性举措。既要推进顶层设计，研究创建指南标准，更要鼓励各地首创。

（5）全域旅游不是全面开花。不是所有地区都有条件同时推进全域旅游，全域旅游要分步推进，切不能搞运动。有条件建设全域旅游示范区的地区，一般具有几个"主"的特点：区域内有明确旅游主打产品，旅游资源禀赋高，旅游产业覆盖度广，旅游业有优势成为该区域主导产业、主体功能、主打品牌。全域旅游在空间上也应多层次，可以是省、市、县、镇、村，也可以是跨行政区的旅游区域。

6.1.2 乡村旅游供给侧改革的基本思路与措施

1. 生产要素改革

供给侧改革关键要做好生产要素改革，核心是激活生产要素，提高全要素生产力。供给侧生产要素改革就是要进一步开放要素市场，打通要素流动通道，调整优化供给侧相关的要素和资源配置。比如劳动力、土地、资本、技术、信息等，从而提升经济增长的数量和质量。因此，乡村旅游供给侧改革要创新行政管理体制和宏观管理方式，激发市场主体的自身活力，使各生产要素可以便利地进入市场和在市场中自由地优化重组。第一，要优化劳动力配置。既要加大人力资本投入，增加劳动力供给，又要加大教育投入力度，提升乡村旅游经营管理者和服务从业人员的综合素质，提高乡村旅游经营服务管理水平，做到能把客人吸引来，能让客人留下来。对此，要充分开展国家"旅游扶贫村官和旅游致富带头人培训""百村万人乡村旅游创客行动""旅游电商扶贫行动""雨露计划"等项目和专项专题培训，提升乡村旅游从业人员综合素质和服务管理能力，提高乡村旅游经营效益。第二，要优化土地资源配置和利用。既要灵活实现乡村旅游土地流转，增加乡村旅游用地供给，又要严格控制土地指标，把稀缺的土地资源用于发展市场前景好、带动性强的乡村旅游项目。为此，国土资源部联合住建部和旅游局专门出台《关于支持旅游业发展用地政策的意见》促进解决乡村旅游用地饥渴问题。第三，要增加资本投入，优化资本结构，多渠道筹集乡村旅游开发资金，彻底解决乡村旅游开发融资难问题。因此，要充分利用农业、林业、能源、环保、扶贫、文化项目打好政策组合拳，积极争取国家、省区市财政和金融资金的支持。加大对外招商引资力度，充分利用当地民间资本，盘活存量资产。加与金融机构合作，向政策性银行申请贴息贷款，向商业银行申请抵押质押贷款，向世界银行、亚洲开发银行申请援助性贷款。第四，要对生产技术、生产方式和技术服务进行改革创新，积极鼓励和推动运用新技术提升乡村旅游运行效率和科技含量，为人们提供高质量的产品和服务。主动顺应互联网大势，积极与互联网深度融合，开启乡村智慧旅游新模式，实现产品创新、品质提升和服务、营销、管理智慧化带动乡村旅游转型升级和可持续发展。

2. 产品结构改革

乡村旅游产品结构改革就是要调整优化乡村旅游产品构成，形成种类丰富、特色化、多样化的产品结构，以满足市场不同的消费需求。简单地说，乡村旅游产品主要包括三大类型，即观光型、休闲度假型和参与体验型。但目前乡村旅游产品开发主要还处于表层次开发和初级化阶段，还停留在乡村观光和乡村食宿等基础层面，以农户家庭接待为主，经营规模小散，粗放化、同质化严重，休闲性和参与体验性较差，吸引力和经济效益亟待提升。如今我国人均 GDP 达 7800 美元，已经进入国民休闲度假刚需时代，原来追求数量现在追求质量，对有质量的服务需求显著提升，现有的产品结构不能满足人们逐渐差异化、升级化的消费需求。

乡村旅游产品结构改革一是进一步利用现有的乡村自然和人文景观，开发各具特色的多层次观光型旅游产品，比如乡村田园（茶园、果园、竹园、花园）观光、古村落观光、特色村落观光等，丰富供给，满足井喷的市场需求。二是创新开发参与体验型旅游产品，比如农事活动体验、乡村文化体验、民俗节庆体验等，丰富内容，提升文化底蕴，增加产品组合丰度，提高产品质量和旅游体验，满足多元化的市场需求。三是深度开发休闲度假旅游产品，比如休闲农庄、农业产业庄园、乡村俱乐部等，打造休闲乡村、度假乡村、疗养乡村、娱乐乡村，实现从观光模式到休闲度假模式型升级。乡村旅游产品结构改革既要发掘利用优质资源开发，能够体现绿色乡村、生态乡村和美丽乡村的观光旅游产品，更要深度开发，展现乡村民俗、社会风情和乡村文化，实现由粗放型向精品化方向转变，由观光型向休闲型、度假型、复合型转变，提升旅游体验和供给质量，以满足休闲度假刚需时代人们的个性化需求。

3. 产业结构改革

根据旅游活动环节，旅游业主要包括食、住、行、游、购、娱六大部分，其中食、住、行是旅游基本消费环节；游、购、娱是弹性消费环节。一直以来，我国旅游消费结构不合理，基本消费环节比重太大，弹性消费环节低迷不振，特别是国内旅游购物消费与国际水平差距较大。对此，国务院先后印发《关于促进旅游业改革发展的若干意见》（国发〔2014〕31 号）和《关于进一步促进旅游投资和消费的若干意见》（国办发〔2015〕62 号），将扩大旅游购物消费列为重要工作，并提出了具体的丰富提升特色旅游商品工作意见。国家旅游局和中国旅游协会也通过举办中国旅游商品大赛、中国国际旅游商品博览会和中国特色旅游商品评选等活动为国内各地市旅游商品开发提供指导和示范。但是，近几年来我国旅游购物收入在旅游总收入中的比重并没有增长，有些地区还在下降。

无论是从旅游购物在旅游总收入中的比重变化，还是从人们在国内国际旅游购物消费差异，都可以看出我国旅游商品供给侧存在突出问题。乡村旅游产业六要素同样存在此问题，食、住、行消费比重大，游购娱消费比重小，消费结构不合理。据统计，我国农家乐旅游发源地成都市 2014 年全市乡村旅游游客人均花费仅 167.78 元，其中饮食占 36.7%，住宿占 20.8%，交通占 12.8%，购物和娱乐分别占 13.4% 和 6.7%，门票、棋牌与茶水分别占 5.6% 和 4%。

因此，乡村旅游产业结构改革需要进一步挖掘乡村特产资源，开发旅游特色食品、茶品、竹木品、陶瓷品、工艺品和纪念品，丰富乡村旅游购物商品，提升购物消费比重。特别是随着休闲度假刚需时代的到来，乡村旅游产业结构改革还亟待设法增加休闲度假元素和内容，根据现代人休闲度假生活方式，开发独具特色的乡村休闲度假活动，满足游客休闲度假需求，提高休闲娱乐消费比重。

4. 消费环境改革

当前我国旅游的消费环境问题尤为突出，旅游市场的无序竞争和监管失控已经无法让企业优胜劣汰，面对鱼目混珠、尔虞我诈的旅游消费市场，许多游客都不敢消费，一些游客已经对国内旅游企业丧失信任和信心，开始在国际旅游市场疯狂扫货，连马桶盖都被抢断货。乡村旅游消费环境同样令人担忧，消费市场混乱现象普遍存在，消费环境软硬件条件差距较大、亟待改善，尤其是基础设施和环境卫生问题较多。实施乡村旅游消费环境改革，一方面要加强乡村旅游硬件条件建设，重点加强环境整治、道路建设、绿化建设、网络建设和餐饮、住宿、娱乐、医疗卫生等基础设施和配套设施建设。比如通过水质检测器、空气质量传感器、温湿度传感器等设备对乡村旅游社区环境、水质、空气、温湿度和乡村旅游产业环境卫生进行监测，加强环境卫生监管，保护乡村生态环境和旅游社区环境卫生。利用 RFID 技术、GPS 技术、高速影像识别技术对乡村旅游社区及其周边的交通车辆进行自动识别、动态监测以及流量预测，并通过交通信息服务、出行诱导和交通信号控制对交通流进行实时动态监管和有效引导，全面实现乡村旅游交通信息化和智慧化，提高乡村旅游交通运行效率，保证乡村旅游交通安全。一方面，在网上开通医疗信息在线服务，在乡村旅游社区及周边设立医疗救援站，开发一键紧急求助救智能终端，建立健全乡村智慧旅游医疗护理体系，为游客提供智慧化的医疗卫生服务；另一方面，要加强乡村旅游消费市场环境整治，维持市场秩序。比如召集景区和旅游商户开展行政约见会，面对面提醒旅游经营者和从业人员遵法守规；抽调旅游、工商、交通、公安、城管等部门和单位人员组建联合执法队，或借鉴国际国内一些地方的做法设置旅游警察，加强对旅游商户和旅游从业人员违法违纪经营行为和执业行为的检查和规范，严厉打击虚假宣传、假冒伪劣产品和强制消费等违法违规行为。总之，健康有序的消费环境是良好市场经营环境和投资环境的前提，是新供给拓展和开辟新市场的重要保证，乡村旅游供给侧改革工作中消费环境改善尤为重要。

6.2 以旅游小镇为主导进行乡村旅游产品升级

近年来，我国城镇化进程日益加快，旅游业高速发展，两者的互动融合促进了城镇旅游业态的形成，旅游城镇作为中国城镇体系的一个重要组成部分日益被学界和业界所关注。继2005年云南省率先提出"旅游小镇"战略构想之后，2010年海南省提出"大区小镇"模式，探索出一条城乡统筹发展的新路子。2012年，山东省在总结国内外经验的基础上，提出加快旅游小镇建设的思路，力争将旅游小镇培育成山东旅游新的增长极，促进山东省旅游业提质升级。

6.2.1 旅游小镇的界定

旅游小镇是指以旅游业为主导，集聚诸多旅游休闲要素，整合第一、第二、第三产业融合发展，具有一种或多种主题活动的小城镇。需要特别强调的是，旅游小镇不是传统意义上的行政乡镇，而是一个旅游产品的概念，但旅游小镇通常位于行政乡镇政府所在地，两者经常合二为一。从经济特征看，旅游业是其主导产业或优势产业，对其经济发展具有强大的带动作用；从功能特征看，它是旅游产业集聚区和居民生活区的统一体，注重旅游产品的综合供给和旅游产业要素的合理配置，以满足游客的多种旅游需求；从产品特征看，它以乡村旅游为基础，强调生态、自然和"三农"，同时侧重城镇生活和文化主题。这里原本就是一个城镇，或是一个村庄，这里或有鲜明的传统文化，或有极富特色的建筑，或有繁忙的生产和工作，或有恬静的生活和休闲；这里有旅馆，可能并不豪华；这里有景区，可能也不大气；这里整洁、干净，居民喜欢在这里生活，旅游者也喜欢来这里体验、购物，这里感受生活，回味生活。

6.2.2 山东省旅游小镇价值链分析

旅游小镇对于山东省来说尚属新生事物，和其他城镇旅游发展较早的区域相比，山东省既有一定的竞争优势，同时也存在许多制约因素。

1. 基本要素分析

（1）城镇旅游资源丰富但特色不足。从资源禀赋来看，山东省城镇旅游资源与周庄等江南古镇和云南丽江等少数民族地区特色鲜明的旅游小镇相比，都要稍逊一筹。在山东省重点支持的旅游小镇类型中，目前资源基础较好的是一些文化古镇，具有优美的田园风光、完整的古镇风貌和浓郁的民间文化，有些还保存着古代的生产、生活方式和社会组织关系，是中国农耕文化的缩影。但这些文化古镇大多为明清时期风格，资源同质化现象严重，缺乏一定的特色。

综合来看，山东省城镇旅游资源尚未转化为规模化和特色化的旅游产品，普遍存在开发层次较低、模式单一、产品雷同、品牌效应差、吸引半径有限等问题。目前大多数城镇旅游还停留在传统的观光层面，缺乏休闲度假的现实价值，无法满足当前旅游市场需求由观光向休闲度假发展的趋势。因此必须通过资源整合创新，将齐鲁文化、地方文化元素融入旅游小镇建设过程中，突出主题和特色，转化成具有影响力的旅游产品。

（2）旅游环境亟待改善。山东省城镇旅游由于受到成熟的城市旅游和乡村旅游的形象遮蔽，长期处于温冷状态，没有得到应有的重视。而且受城镇化进程的影响，旅游城镇在规划设计、建筑形式和材料、设施设备、管理服务等方面往往学习和模仿城市，人工化、现代化现象较为明显，一定程度上破坏旅游赖以发展的自然环境和人文环境，大大削弱了旅游吸引力。

旅游在一定程度上具有反现代化的倾向，对生态环境要求较高。因此，在城镇化过程中应推行生态城镇建设，对旅游业实施绿色开发，促使城镇化和旅游协同发展，改善自然环境和人文环境。

（3）旅游设施和服务有待完善。旅游设施和旅游服务是旅游小镇发展的重要支持性要素。从整体来看，山东省小城镇实力偏弱，基础设施不配套，产业链条不完善、专业人才匮乏，城镇体系有待进一步健全。由于配套旅游设施和服务的短板效应，山东省很多资源丰富的城镇旅游发展模式还是典型的"门票经济"，游客停留时间有限，难以产生良好的经济效益。

2. 支持性要素分析

（1）显著的区位优势。山东省北临津、京，南连苏、沪，与国内两个最大的旅游市场毗邻，同时又地处环渤海旅游圈的优势位置，整体可进入性较强。京沪高铁开通后，更是成为纵贯山东的"黄金通道"，带动山东省旅游客源结构和市场结构都发生了重大变化，大规模、中高端客源大量出现，自助游、散客化趋势日益明显。对于京沪高铁沿线城市的旅游小镇建设，山东省旅游局在资金、规划和营销等方面都将给予重点支持，为未来构建"中国旅游黄金走廊"奠定了基础。

（2）快速增长的乡村旅游市场。旅游小镇属于乡村旅游的范畴，在兼顾生态、自然、"三农"的同时，侧重城镇生活和文化主题。近年来，山东省乡村旅游发展迅速，自2003年开始创建农业旅游示范点后，陆续创建了诸多旅游强乡镇和旅游特色村，并参与了全国休闲农业和乡村旅游示范县、示范点的创建活动。2015年，山东省乡村旅游接待达3.3亿人次，乡村旅游总收入达1806.7亿元，乡村旅游已经成为山东省旅游业的重要组成部分。

(3) 优良的资本条件。旅游发展的资本条件主要来源于政府投资和企业市场化运作。纵观中国旅游小镇的成长路径，大多是当地政府从立项、规划，到建设、运营，充分发挥主导作用。山东省是经济大省，2012 年 GDP 突破 5 亿元，居全国第 3 位，雄厚的经济实力为旅游小镇的发展尤其是基础配套设施建设提供了必要的资金支持。除了直接投资外，政府还积极搭建融资平台，吸引民间资本的介入，实现资本多样化。如山东中矿集团投资 7.8 亿元兴建的招远淘金小镇，是目前国内规模最大、现代化元素最多、功能最全的黄金主题旅游景点，被誉为"中国黄金第一游"。

此外，自 2012 年起，山东省旅游局结合山东省半岛蓝色经济区、黄河三角洲经济区及省会城市圈、鲁南经济带等战略，优先组织一批符合条件的旅游小镇给予资金重点支持，鼓励地方先行先试。这些都为山东省旅游小镇建设提供了资本保障。

(4) 有力的政策保障。《山东省国民经济和社会发展第十二个五年规划纲要》中指出，积极稳妥推进城镇化，大力发展县级市、县城和重点镇，支持一批经济强镇、区域重镇和文化旅游名镇加快膨胀规模，向小城市发展。2012 年山东省出台的《关于大力推进新型城镇化的意见》，为推进旅游小镇建设进一步指明了方向。山东省旅游小镇建设已经纳入全省小城镇建设的大格局，必将获得财政、土地等多方面的支持。党的十八大明确指出，今后我国要走集约、智能、绿色、低碳的新型城镇化道路，旅游小镇将小城镇建设和旅游产业发展结合，正好契合了新型城镇化道路的趋势和要求。2012 年，山东省旅游局把旅游小镇建设作乡村旅游的工作重点，并依据全省乡村旅游资源特色和市场需求，决定重点支持温泉度假小镇、山岳养生小镇、滨湖生态小镇、海滨渔民风情小镇、黄河文化小镇、特色民俗文化小镇、风情古镇和特色农业小镇。这些都为山东省旅游小镇建设提供了有力的政策保障。

6.2.3 山东省旅游小镇发展模式

根据旅游城镇化内驱力不同，可以将山东省旅游小镇划分为资源导向型、区位驱动型和旅游接待型。不同类型的旅游小镇，应根据其价值链上基本要素和支持性要素的匹配程度不同，通过整合和优化资源、区位（市场）、资本等核心要素，选择适当的发展模式。

1. 资源导向型旅游小镇发展模式

这种模式主要是针对资源条件明显优于区位条件的小城镇。山东省资源基础较好的多为文化古镇，保存了较完好的古镇风貌和民俗风情，从另一个角度来看，这些古镇资源之所以保存较好，大多得益于以远离城市，市场通达性不强。

对于"高资源、低市场"初始发展条件的城镇而言，市场的稀缺性决定了其旅游发展主要依赖于资源驱动力。从发展路径来看，首先凭借高质量的旅游资源，实施高端营销吸引小众旅游市场，然后通过交通的改善获得市场的通达性，拉动大众旅游市场，从而进一步吸引资本的进入，促成旅游产业体系的形成。

古镇旅游开发实质上就是对中国古文化传承的开发，通过遗产活化，把遗产资源转化成旅游产品而又不影响遗产的保护和传承。在这个过程中，要充分发挥市场对资源配置的基础性作用，在小镇的历史保护、基础设施建设、规划开发、招商引资、财政税收、公共管理、居民安置等方面加强政府主导作用，在"小城镇运营"的背景下，打造旅游产业核心竞争力，借助旅游产业的拉动效应再造地方经济的综合竞争力。

以济宁微山县的南阳古镇为例，南阳古镇是历史上显赫一时的运河四大名镇之一，京杭运河穿境而过，形成了"岛在水中、河在岛上、镇在河边"的独特景观，至今留有许多明、清时期的商埠，保留着质朴的古镇风貌和悠久的运河文化底蕴。但是南阳古镇的资源优势还没有转化成产品优势，再加上岛镇的市场通达性较差，旅游开发受到一定的限制。因此，应充分发挥政府主导作用，整合自然、文化及社会旅游资源，挖掘运河文化资源，形成完善的旅游产品体系，同时避免过度的商业化氛围。南阳古镇可以借助 2014 年京杭大运河申遗的良好契机，通过品牌营销吸引游客，同时通过改善交通条件，逐步完善配套服务设施，延长游客的停留时间。在开发过程中，应意识到纯粹"复古"缺乏休闲度假的现实价值，很难对潜在的旅游市场产生持久的吸引力，应坚持"古镇风貌、现代生活"的原则，将古镇传统的"形"融入当代生活。从市场定位来看，南阳古镇近期应定位于济宁周边观光休闲市场，远期可以借鉴乌镇东栅观光、西栅休闲度假的旅游产品细分模式及朱家角的古镇度假产业发展模式。

2. 区位驱动型旅游小镇发展模式

这种模式主要是针对区位条件明显优于旅游资源质量的小城镇。从区位条件来看，这类小城镇一般位于城市近郊或重要交通干线上，交通便利，具备规模客源能力，但旅游资源缺乏特色，市场知名度不高，尤其和中心城市和周边景区相比更逊色一等，属于资源稀缺型初始发展空间。也有可能是因为原有的城镇经济模式衰退，为了实现产业转型而选择发展旅游业，比如济宁、枣庄地区的众多煤矿型城镇都属于这种类型。山东省旅游局对京沪高铁沿线城市的旅游小镇建设，在资金、规划、营销等方面给予了重点支持。

众所周知，旅游业发展与旅游资源的关系不是绝对的，当拥有旅游资源时，发展旅游业具有先天的优势和基础；但旅游资源匮乏但市场旺盛、资本雄厚的区域，也能通过开发资源脱离型旅游产品，实现旅游业快速发展。由于不具有资源优势，区位驱动型旅游城镇化的动力来自市场的推力和资本的驱动，再加上本地居民的旅游休闲需求，依靠"资源再造"的创意型旅游发展战略，形成符合市场需求的旅游产品和配套设施，促成旅游产业形成和城镇产业结构升级。

区位型旅游小镇在发展过程中，由于空间认知的相似性和目标市场的趋同性会经常面临无序竞争的危机，因此要善于分析与中心城市以及周边区域的竞合关系，从完善城市空间布局的角度出发，立足城镇特色，找准切入点，依托独特的文脉吸引游客。

以微山县付村镇为例，该镇的主导产业是煤炭开采和加工，旅游资源匮乏，环境基底较差，发展旅游业似乎毫无优势。但是它距离微山县城和微山湖分别只有7公里和9公里，具有明显的区位优势，而且京沪高铁开通后，为其带来了大微山湖和大运河的高端客源。为了产业升级和城镇经济转型的需要，当地政府决定借助微山湖和运河旅游品牌，在环境整治的基础上，将煤炭塌陷地进行生态修复，建设城郊休闲公园，通过"承湖启城"的模式,与大微山湖和微山县城有机衔接,打造滨湖生态小镇,提升当地人居环境,满足本地居民休闲需求,弥补县城高端接待设施的不足,完善旅游产业链条。

3. 接待型旅游小镇发展模式

接待型旅游小镇是指小城镇本身既不具备高品位的旅游资源,也无明显的区位优势,但由于毗邻知名景点区,自然生态环境良好,逐渐成为景区游客的集散地。山东省拥有众多的著名景区,但在旅游发展的过程中,由于统筹规划不力,小城镇与景区之间通常存在强烈反差,难以吸引游客驻留消费,社区居民难以共享景区发展带来的利益。而且由于征地过程中可能产生的纠纷,景区开发甚至可能给当地居民带来利益上的损害。

接待型旅游小镇的开发,可以采用"大区小镇"的开发模式,充分利用景区与城镇的空间邻近效应,发挥景区资源优势,同时围绕城市居民休闲度假需求和农村产业结构调整要求,利用旅游产业的高关联性特征,促成景区与小城镇在规划、建设、管理、产业发展等方面有效对接与整合,把旅游小镇打造成以景区为依托,对周边区域进行综合开发的旅游综合体,形成大景区、风情小镇和特色村融合发展的格局,实现景区和社区共赢。

6.2.4 结语

从中国旅游业的发展历程来看,前 30 年旅游经济的增长点建立在城市和乡村这两种终端空间的旅游形式基础之上,随着城镇化进程的加快及国内旅游的迅速发展,中等空间范围的城镇旅游将成为未来中国旅游业新的增长点。小城镇体系是中国城市体系的重要组成部分,小城镇化特色道路是中国城镇化道路的主流方向。旅游小镇建设将小城镇和旅游产业发展结合,正好契合了党的十八大提出的新型城镇化道路的趋势和要求。旅游小镇在山东尚属新生事物,如何根据山东省旅游城镇化初始化条件,积极探索旅游小镇发展模式,把旅游小镇建设作为推动山东省城镇化建设的突破点,以及推动山东省旅游业提质升级的切入点都具有重要意义。

典型案例：独山旅游小镇发展规划

一、规划背景

微山北部镇域包括两城镇、鲁桥镇和马坡镇，旅游资源丰富，依托独山岛及其周边腹地以旅游小镇模式进行旅游项目开发和创意策划，建设面向本地周边及济南都市圈休闲度假游客群体的原生态、多元化、一体化的乡村旅游村镇区域，是山东省乡村旅游振兴计划实施的坚实依托。

二、开发定位

以独山旅游小镇为核心，建设具有全国示范意义的时尚型湖岛生态渔家乡村旅游度假区，并与南阳古镇形成"古今辉映、双核驱动"的一体化旅游小镇综合体发展格局。

独山旅游小镇开发定位为：
- 全国创新创意型旅游小镇典范
- 山东最佳时尚型湖岛生态乡村旅游目的地
- 济宁市渔家文化旅游开发核心支撑景区
- 与南阳古镇协同构建微山县北部旅游名镇双核

三、空间布局

规划区的空间布局遵循复合式发展模式，即以"旅游依托地＋特色村镇"的形式，从休闲主题、生态主题、度假主题以及产业主题几条主线脉络综合考虑。

"一核一带三区"

其中，"一核"指独山现代渔家风情旅游小镇，"一带"指运河古镇休闲带，"三区"指鲁山松林自驾车营地区、九孔湿地生态体验区、北部休闲农业游憩区。

1."一核"——独山渔家风情旅游小镇

主要旅游体验和服务系统在此布局，同样也是政务中心、文化中心、商业中心，旅游人气聚集中心，是当地发挥统筹乡域旅游发展的重要依托，是微山县"古今两大旅游名小镇"之一。以"南阳古镇、独山新镇"的品牌定位打造微山县北部镇域旅游发展双核驱动模式，有互补、有差异，其中独山展示新颖、时尚的现代渔家风情，渔人码头区与龙王庙、朝阳洞相互结合，展示渔家开渔、祭祀、庆祝活动等现代渔家文化，并引入高端度假、水上休闲、慢生活和生态景观修复等新理念。

2. "一带"——古运河景观休闲带

规划区内一条重要的自然水系景观带，其中古运河景观休闲带位于独山岛腹地区域内，以"静、雅、古朴"为主题，通过挖掘、重建、扩充若干文化景观，营造出区内幽静、高雅、古朴的环境氛围，配合旅游地产项目提升产品档次。

3. "三区"——鲁山松林自驾车营地区、九孔湿地生态体验区、北部休闲农业游憩区

山松林自驾车营地区：位于两城镇鲁山林场，借助广阔的松林地区，布局自驾车营地和山地景观为主导，打造具有乡土气息的休闲区域。

九孔湿地生态体验区：位于鲁桥镇九孔桥村，距离南阳古镇仅3公里。以自驾车营地、农家乐、渔家乐为主导，打造面向假日游、亲子游、家庭游的具有浓郁乡土气息的体验休闲区。

北部休闲农业游憩区：位于独山岛周边腹地，主要依托马坡镇休闲农业资源进行农业旅游开发，主要策划大田采摘园区、有机养殖基地区和市民农耕园区。

四、节事策划

依托规划区域资源优势，挖掘深厚文化底蕴特色，开展一系列节事营销活动。

1. 舌尖上的独山湖——渔家湖鲜美食节

举办时间：每年9月

举办地点：独山湾、龙王庙

活动内容：以观鱼、钓鱼、品鱼、购鱼为主题，开展渔家开渔祭祀庆祝活动、特色捕鱼工具展出、特色捕鱼方式表演、专业厨师精彩厨艺表演、家庭湖鲜大赛、美食狂欢活动、贸易洽谈活动。

2. 问道朝阳洞——全民登山文化节

举办时间：每年9月

举办地点：独山岛、朝阳洞

活动内容：以"登山健身、遇仙祈福"为主题，将传统道文化结合现代养生理念与度假需求，组织游客诗意山居、练习五行养生功、聆

听道家智慧、享受道医把脉问诊，体验道教文化中入世、寻道、问道、悟道、修身的五重境界。

3. 独山湖开渔节——祈福龙王庙

举办时间：每年农历六月十三（龙王生日）

举办地点：独山岛、龙王庙

活动内容：以"敬龙王、祈平安"为主题，开展传统微山湖渔家祭祀龙王活动，包括颂祭文、奏祭乐、献祭果、敬祭酒等祭祀活动，以及千家万户挂渔灯、千舟竞发仪式、新船下水仪式、渔家民俗会演、特色捕鱼方式表演、特色产品展销、经贸洽谈等民俗活动。

4. 仲子故里——儒孝文化旅游节

举办时间：每年农历九月初九（重阳节）

举办地点：仲家浅村、仲子庙

活动内容：仲子最突出的美德之一是"至孝"，在"儒孝之源、孝德济宁"整体形象背景下，儒孝文化旅游节以"传承中华美德、弘扬孝德文化"为主题，开展"寻找最美孝心少年"活动、"新二十四孝"先进人物表彰、孝德文化普及教育、敬老爱老服务、感恩回报文艺演出、健身养生等活动。

5. 运河拾遗——古街庙会

举办时间：每年3月

举办地点：运河老街

活动内容：以"运河情怀、老街记忆"为主题，开展渔家民俗活动展演、夜游运河、逛古街非遗集市、听社戏、放河灯、观运河巡游和运河娶亲、品运河美食等活动。

6. 百果采摘节

举办时间：根据不同水果成熟季节而定

举办地点：大田采摘园

活动内容：依托大田采摘园内丰富的蔬果种植优势，根据不同水果成熟季节，定期举办采摘节，包括：水果采摘大赛、吃水果比赛、水果小超人评选、游客最满意的果园评选等活动，并对优胜者给予奖励。

五、餐饮品牌打造

在传统微山美食基础之上，将特色食材融入文化内涵，形成六大美食系列。

1. 大湖野鱼宴

在融合微山传统名贵筵席如荷花宴、麻鸭宴、全鱼宴、乌鳢宴等基础上，以独山湖野生鱼为特色，将鱼的加工精细化，将观鱼、品鱼、购鱼一体化，创新"一鱼多吃"，推出更多的特色菜肴。

2. 神农百草宴

利用独山的多种药材资源，根据《神农本草经》所列药材种类，运用《黄帝内经》养生原理，依据《本草纲目》的食物药性，选取微山当地上百种天然绿色食品，采择中华药膳的传统配方，以药物和食物为原料，将中国传统的医学知识和烹调技术结合，烹饪加工成具有食疗作用的膳食，包括菜肴、粥食和汤羹等。药借食力，食助药威，既有美味可口的营养价值，又有防病治病，保健强身，美容养颜、延年益寿的功效。

3. 五谷粗饼宴

结合微山当地爱吃煎饼的习俗，改良创新推出五谷粗饼宴，以五谷杂粮煎饼、单饼、西饼为特色，融合微山当地农家饭，展现地域风味，粗细搭配、膳食营养丰富。

4. 仁孝感恩宴

规划区域具有一定的"孝文化"基础。首先，仲子最突出的美德之一是"至孝"，尽管家境贫寒，但不遗余力的赡养双亲，"二十四孝"图中就载有他为亲"百里负米"的事迹。《孔子家语》中记载，仲子见孔子曰："负重涉远不择地而休，家贫亲老不择禄而仕。昔者由也，事二亲之时常食藜藿之实，为亲负米百里之外。亲丧后，南游于楚，从车百乘，积粟万钟，累茵而坐，列鼎而食，欲食藜藿为亲负米不可复得也。枯鱼衔索，几何不蠹，二亲之寿忽若过隙。"仲子之孝被孔子称为"生尽其力，死尽其思，真乃'至孝'"。

此外，微山湖的乌鳢被称为"孝心之鱼"，从另一个角度诠释该地的孝文化。据说此鱼产子后双目失明，无法觅食只能忍饥挨饿，孵化出来的千百条小鱼不忍母亲饿死，主动游到母鱼嘴里供母鱼充饥。母鱼活过来了，子女的存活量不到总数的1/10，大多为母亲献出年轻的生命。

百善孝为先，仁孝感恩宴将孝文化和饮食文化结合，将仲子"百里负米"等故事和乌鳢的孝心之举融入就餐环境和传统微山菜品中，对修学旅游市场和家庭旅游市场具有一定的感召力。

5. 芦笋养生宴

芦笋营养丰富，被称为世界十大名菜之一，在国际市场上有"蔬菜之王"的美称。芦笋具有暖胃、宽肠、润肺、止咳、利尿诸功能，对高血压、血管硬化、心脏病、糖尿病、膀胱炎、急慢性肝炎及肝硬化有一定的辅助治疗效果。明代李时珍《本草纲目》言芦笋能"瘿结热气、利小便"；根称为小百部，能润肺镇咳、祛痰、杀虫等。据现代医学研究，芦笋中含有的天门冬酰胺是一种能抑制癌细胞生长的物质，对膀胱癌、肺癌、皮肤癌等有非凡疗效，对白血病、淋巴癌、乳腺癌、肺癌均有特殊作用，是天然防癌食物。

依托鲁桥的芦笋种植和加工产业，以芦笋为主要食材，配以微山特色原材料，推出以养生为主题的特色餐饮。

6. 绿色有机宴

当今食品安全问题是困扰人们餐桌的一个重大问题，有机养殖整个生产过程中限制使用化学合成药物，顺应了人们追求安全、健康食品的潮流。依托北部休闲农业游憩区的有机养殖基地，以有机鱼、有机麻鸭、有机鸭蛋、有机菜等为主要原料，采用微山传统餐饮做法，对周边城市游客将具有较大的吸引力，以此融入大自然、享受农家悠然自得的慢生活节奏。

六、住宿体系规划

(一) 高端休闲度假型住宿设施

1. 山水家苑·度假别墅

独山岛通过山水景观整合，将旅游与地产开发相结合，以滨水休闲独栋或联排别墅为主要形式，突出自然、生态和绿色，以休闲度假、商务会所、高端会议接待等为主要功能，打造低密度"山水家苑"式主题度假家园。

2. 山地松林·木屋别墅

在鲁山松林自驾车营地中建造一批木屋别墅，木屋中配备完善的设施，包括卧室、客厅、洗漱间、厨房等设施，室外配备观景露台和生态车位。别墅外围以绿植花草相配，与周围环境融为一体。

(二) 民俗农家型住宿设施

1. 秀水田园·独山客栈

在独山村传统民居的基础上打造独具特色的独山客栈,外部采用当地传统石头房住宿风格,内部搭配时尚潮流元素,主要以家庭度假接待为主,通过完善的家庭服务配套,打造宜居、宜游社区,为游客提供全新的滨湖度假体验。

2. 竹篱茅舍·农家小院

仲家浅村是微山最古老的村庄之一,利用现有农家小院,保留原有面貌,遵循"修旧如旧"的原则进行整体加固,彰显出农家朴实、淳简气息和慵懒、安静的环境氛围,内部设置无线网络等,充分满足游客现代生活的需要。

3. 静心舒适·乡村驿站

依托新农村改造工程,在运河老街附近建乡村酒店一座,对民居进行统一规划,完善村内公共设施,改善卫生条件,以方便、快捷、舒适为主要特色。

(三) 特色体验型住宿设施

1. 乡野山地·露营基地

随着自驾游的进一步发展,传统的旅游目的地接待体系已经不能满足自驾车旅游者的需求,因此,鲁山松林自驾车营地规划建设帐篷、房车、树屋等类型的特色体验型住宿设施,并提供配套的餐饮服务、方向指引服务、景点线路组织服务等,突出休闲养生与自然融合的理念。

2. 水乡泽国·船上人家

在盛家屋以微山湖常见的船屋形式,以渔民生活环境为蓝本,建设船上住宿设施,体现浓郁的渔村氛围。船屋建设遵循"外土内洋"的原则,外形应与外部环境融为一体,体现原生态性,内部装修充分考虑游客现代生活的便利性。

3. 花廊小屋·情人客栈

整合独山村资源,将房屋修建成古代朴素的风格,外围用花装饰,中间以绿植花廊相连,同时推出花廊烛光晚餐,营造唯美、浪漫的氛围。

6.3 推出乡村旅游新业态

全域旅游是推进新型城镇化和新农村建设的有效载体。发展全域旅游可以加快城镇化建设，有效改善城镇和农村基础设施，促进大城市人口向星罗棋布的特色旅游小城镇有序转移；可以聚集人气商机，带动现代生态农业和农副产业加工、商贸物流、交通运输、餐饮酒店等行业联动发展，为城镇化提供有力的产业支撑。发展全域旅游，能改善农村生态环境，建设美丽乡村，实现城市文明和农村文明的直接相融，促进农民在家就能开阔视野、提升文明素质，加快从传统生活方式向现代生活方式转变。旅游新业态也是山东探索全域旅游的重要发力点。在市场调研的基础上，结合本地乡杆旅游资源特色及乡杆产业发展现状，创新推出乡杆旅游新业态。

6.3.1 国家农业公园

国家农业公园是农业—乡村旅游的高端形态，是中国乡村休闲和农业观光的升级版。它可以是一个县、市或者多个园区相结合的区域，也可以是单独的一个大型园区，应该具备农业资源代表性突出的特点，通常须要包括传统农耕文化展示区、现代农业生产区、民风民俗体验区三大基本组成区域。它是集农业生产、农业旅游、农产品消费为一体，以解决三农问题为目标的现代新型农业旅游区。

山东省苍山兰陵国家农业公园——中国首个国家农业公园。总面积62万亩，其中核心区2万亩，示范区10万亩，辐射区50万亩。兰陵国家农业公园是国家AAAA级旅游景区，被评为2014年全国十佳休闲农庄。整个项目分为十个功能区：农耕文化区、科技成果展示区、现代农业示范区、花卉苗木展示区、现代种苗培育推广区、农耕采摘体验区、水产养殖示范区、微滴灌溉示范区、民风民俗体验区、休闲养生度假区、商贸服务区等。

6.3.2 乡村民宿

1. 民宿的概念

民宿是起源于欧洲乡村地区的一种旅游业态，经历百余年的发展，在旅游业发育程度较高的发达国家和地区，民宿从乡村走向城市、从农场走向景区，不仅形态万千而且别具特色，成为区域性旅游品牌及核心吸引物的重要构成。而对于当下的中国，民宿产业的发展仍然与乡村与农业的多路径发展有着复杂的交织，民宿一方面肩负着促进乡村旅游升级发展，转变农业生产方式，强村惠民的重要功能；另一方面又承载着大批返乡"新农人、新创客"对美丽中国乡村梦的追寻。伴随中国乡村旅游的长足进步和中层返乡、万众创业的大背景下，民宿作为市场的耀眼的新星，成为乡村旅游的下一个风向标。

国外民宿实际是农民或者原住民利用自己的空闲住宿资源，结合特有自然生态和文化体验，是一个提供餐饮和住宿的行业总称。民宿不同于传统的饭店旅馆，可以没有豪华设施，但要让人体验当地的风情和民宿主人的热情。中国国内民宿实际只有二十年左右的历史，近年来从多年的缓慢发展进入快速发展阶段。

2. 民宿集群及集群效应

近两年，大多数民宿都逐渐找到了方向，并向着中高端化和精品化、个性化的方向去发展转变，而且也逐渐成为乡村旅游中的闪亮点。很多人看到了未来的大趋势，分别选择抱团取暖，打造区域民宿 IP，形成集群效应辐射更广的范围，这也是未来中国民宿发展的一个重要方式。

民宿集群是指在某块区域内，由竞争/合作关系的民宿及民宿上下游服务产业链接形成的群落，这种群落往往有着广泛的影响力和强大的资源整合力量，能够吸引更多自然属性客流。民宿集群中通过合理分配和统一规划，相互之间形成业务互补、协同经营、整合营销、消费群共享的特点。这种集群效应能够通过一致协调形成对外的壁垒，对抗外部冲击和降低内耗，并形成区域经济效应，带动更多的连带产业。

民宿集群旅游区是一种新型的微度假旅游目的地,以特色民宿"+"的模式发展,使其民宿本身具有足够特色,形成品牌,并成为一种核心的旅游吸引力。民宿集群旅游区开发的同时也要配套其他休闲活动场所来满足游客的需求。

3. 山东省民宿典型案例:山东滨州香坊王村——大地乡居香坊

目前不少省外企业已在山东乡村投资兴建乡村民宿,逐渐提高了山东乡村旅游的档次。在滨州狮子刘村片区,大地风景规划设计院建设的大地乡居已经运营;在威海荣成东楮岛村,北京世纪唐人旅游发展有限公司投资规划建设了10幢"海草房唐乡",是独具地方特色的高端乡村民宿;在泰安里峪村,北京铂思旅游文化创意有限公司投入150余万元打造了3处高品位的乡村度假小院。

大地乡居香坊滨州滨城区杜店镇狮子刘村香坊王组18号,它的落成树立起了滨州乃至山东乡村旅游产品的新标杆,成为一个具有乡村旅游示范意义的新产品。作为一个新型乡村旅游度假品牌,其定位是以乡村闲置农宅为依托,融合地域文化元素,创意性设计的时尚乡土度假客栈,包括主题住宿、休闲餐饮、农礼购物、乡村沙龙活动等多种功能。

香坊项目的改造基础是三个相连的闲置院落,这三个院内的原有建筑有三座土坯房,以及一栋两层楼房。在尽可能保存有价值的老房子的建筑风貌的基础上,对其进行加固和翻修,重新塑造它的实用功能;新房子则通过设计元素的融入让它变得时尚,和乡土质朴的老房子形成反差的美感。从功能分区来看,香坊有三大功能区:老房子改造的农堂博物馆,作为地方农礼的展示空间和艺术沙龙空间;新建造的花房餐厅;以及用滨州地方文化符号为主题的客房宾舍。

大地乡居的理念是在乡村构建一种后乡土生活方式,不仅为游客提供创意化、体验化的乡村休闲度假产品,同时也是旅游驱动下乡村价值重塑与乡村社区复兴的全新实践,承载盘活乡村资源、传承乡村文化、振兴乡村手工艺产业等多重使命。具体来说,就是以乡村闲置资源为依托,面向城市中产阶级日渐增长的乡村度假需求,深度演绎村村不同的乡土文化元素,通过专业化的规划设计、建设营造以及策划运营,打造出带有浓郁地域标识的品质化乡村创意度假空间。

每一个大地乡居都包含一个乡村社交中心、一组乡村文创民宿、一处风景食课、一个风物农礼市集、一个儿童户外教育基地。其中，乡创社交中心除了是社交空间，更是一个联动线上和线下的乡村众创平台，为乡村创业、投资提供信息服务。风景食课和农礼市集则从生态角度，通过甄选和质控从全国挑选出适合乡居的食材和伴手礼，经过创意化的商品设计和餐食体验，形成讲述地方文化的乡土风物品牌。

"体验性"是这个乡村创意空间的重要关键词。滨州的大地乡居·香坊开发了剪纸、陶艺、葫芦画、乡村音乐课、亲子微耕、玉米农场等体验产品，在增强黏性的同时，让大地乡居成为乡村经济和产业的导入端和平台。

在搭建自身引流平台的同时，大地乡居也与多个合作方分别开展了三大"联合乡创计划"，包括"大地农礼设计师农创季""村游学院＆乡居课堂"合作培训、"大地乡居＆多彩投"乡村众筹战略联盟，从而在乡建中引入乡村风物创意、乡村旅游教育和乡村互联网众筹等新经济业态。

在经济新常态下，新的乡居时代正在来临，中国会有更多的农村回归乡愁体验。在这一时代背景下，"新乡民"的新乡建试验将和乡村旅游、乡村第三产业发展密切相关。

6.3.3 休闲农场/休闲牧场

休闲农场是指依托生态田园般的自然乡村环境，有一定的边界范围，以当地特色大农业资源为基础，向城市居民提供安全健康的农产品和满足都市人群对品质乡村生活方式的参与体验式消费需求，集生态农业、乡村旅游、养生度假、休闲体验、科普教育等功能为一体，实现经济价值、社会价值和生态价值的现代农业创新经营体制和新型农业旅游产业综合体。

6.3.4 乡村庄园/酒店/会所

乡村庄园和乡村酒店在国外兴起较早。英国典型的乡村庄园，以田园诗般的城堡和村落著称。法国的香草庄园主要分布在地中海沿岸，因芳香浪漫而闻名世界。乡村庄园是以养生度假生活为突出特点的高端旅游业态，未来度假庄园可以成为引领乡村旅游升级发展的重要产品。乡村庄园将是代表中国农村今后发展的重要方向。

6.3.5 乡村博物馆/艺术村

乡村博物馆：选定古民居、古村落、古街巷，进行保留、保护和维修利用，建成综合性、活态化的乡村博物馆。乡村博物馆应做好保护和活化乡村历史文化，包括风情文化、建筑园林文化、姓氏文化、名人文化、饮食文化、茶酒文化、婚庆寿庆文化、耕读文化、节庆文化、民俗文化、宗教文化、作坊文化、中医文化等。

6.3.6 市民农园

市民农园，又称社区支持农园，是指由农民提供耕地，农民帮助种植管理，由城市市民出资认购并参与耕作，其收获的产品为市民所有，期间体验享受农业劳动过程乐趣的一种生产经营形式和乡村旅游形式。

典型案例：2016 山东十大美丽乡村民宿[①]

1. 临沂市沂南竹泉村

踏进竹泉村，满眼的绿扑面而来。泉水沿路而淌，澄澈滢动。磨盘路如世间最温柔的男子，安静坚定的守护着一个又一个的来人，不问归期。日光透过层层叠叠的竹叶，洒下斑驳的光影，时光静止，空气中带着一股凉意未歇的温润，浸透身体的每寸肌肤。民宿后面，是一条温柔安静的小河。河中锦鲤三五成群，嬉游而去。晨曦推窗而望，聆水音泠泠，忘记了城市的喧嚣浮躁，岁月也随之安静了几分。沿着小路向前，只见石筑的民居安然而立似是穿越而来：竹林深处有人家。此时如同倦鸟归林，只想携家人隐居于此，每日看晨夕交替，春秋更迭。

---

① 资料来源："2016 山东十大美丽乡村民宿"，搜狐旅游，http://trave.sohu.com。

2. 泰安岱岳区道朗镇里峪村铂思民宿

泰山脚下的民居,一个小院落可以供两家人居住。三五好友,或者两家人结伴而来,度过一段山下时光,都是极为温馨的。走到近处一瞧,小院不大,却处处古朴精致。石头墙、青砖房、木头窗、花木繁茂,古色古香中透着乡村生活的简单与美好。房中院亦有翠绿点缀,三五知己围桌而坐冲茶一壶,人生如茶,恬淡如斯,在这里品尝地道的农家菜,没有大鱼大肉,都是最实在的养胃的山中小炒,虽说是在乡村,但屋内舒适整洁,家具家电齐全,日常起居也很方便。夜晚降临,这里没有满目的霓虹,只有星星闪烁的夜。暖黄色的灯光将小屋映衬的分外温馨,享受和家人朋友在一起的幸福时光。小院内石板小路排列有致,青翠的竹子散落院中,有种隐居山林的韵味,厌倦了都市里林立的高楼大厦,来到这感受淳朴的民风,和家人朋友一起享受美好的乡居小住,返璞归真。

3. 沂水县泉庄镇元宝山村

元宝山村距沂水县城 35 公里,青山绿荫环绕,入眼一片苍翠。小街碎石铺就,路边山花簇簇,农家院内,墙上檐下挂着玉米和红辣椒,屋内床上的蓝印花床单,淳朴、清新,蕴涵了浓浓的田园气息。元宝山村的民宿不同于只接地气不贴时代的农家乐,也不同于标准化服务的星级酒店,这里的民宿普遍规模小、干净清新,布置别致。虽然是农舍,但内部设计非常现代,电视、空调、卫生间等配套设施俱全,而窗外则是久违的透明蓝天和清新空气。这儿的民宿不同于旅馆和农家乐,主人会像朋友一样热情接待你,大家会一起下地干活、上树摘果、聊天做饭。让游客来这里体验美丽乡村的慢生活。

4. 枣庄山亭区兴隆庄村

枣庄山亭区兴隆庄村东临翼云湖,北依"鲁南第一峰"翼云山,这座有着数百年历史的小村庄,至今仍保留着最原始的建筑特色,是山东境内现存规模最大、保存最完整的石板房建筑群,整个村子以石块筑墙,以石板覆顶,散发着一种古朴的美感。肃穆的石墙石瓦,弯弯曲曲的石巷,错落有致的石板房,哗哗流淌的泉水,凝重与灵动间兴隆庄村特有的风韵得以展现。兴隆庄村旧貌换新颜,大力发展乡村旅游事业,根据村庄自身特点,开发"逛古村落""品农家菜""住农家院"为一体的综合性旅游产品。

5. 泗水县泗张镇王家庄民俗村

"石屋石墙石径斜，桃花林里有人家"。走在村子，穿越桃花满园的圣地桃园，置身于"小桥流水人家"的乡土田园环境，看着石头堆砌成的墙、房屋，踩着乡间石磨小路，听着播放的乡间小曲，闻着手工煎饼的原香，观赏着桃木剑、猫头鞋等民间手工艺品，恍如进入了"世外桃源"，无不给人一种惬意、遐想之感。每到春夏，丝瓜蔓爬上石屋，鲜活的绿叶同质朴的黄石相间，农趣盎然。一路走下来，在品味民风民情的同时，洗去都市生活的铅华，尽享回归自然的愉悦和洒脱。

6. 青岛崂山区东麦窑村

东麦窑村位于崂山南麓，村里的房子顺应地势而建，一条小溪从山上顺流而下，穿梭于村庄之间。房子多数是石块砌成，屋顶的红瓦掩映在几十年的老树之中，偶尔还有植物藤蔓翻过墙头"看光景"。穿梭在这百余户的小村庄中，偶尔能看到石头墙上或者岔道口立着木底玻璃罩着的指示牌——位高升、时如意、厚济世，这些都是散落在村庄中的民宿酒店的名字。在这些改造一新的小四合院内部，既保留着先前的农家风貌，也增添了古朴的家具、整洁的厨卫用品以及现代化的Wi-Fi、空调等设施。

7. 济宁邹城上九山古村落

这是一座与石头息息相关的古村，村坐落在山上，人住石头房，脚踩石头路，院墙石头垒，人称石头村，街口垒了石头门。上九山村的石头屋，一座紧挨一座，从山腰散落到山顶，像一篇上好的散文，散而不乱，气脉中贯。进入上九山村，沿街向西玄帝西侧，建有一独特风格的四合院，距今有一百多年。村内民宿小院地处山泉流过的山里胡同，依山而建，氛围静雅。每个院落都采取外部为古村原始风格，内部采用星级酒店标准装修，每一个小院都有自己独有的风格。来到这里，选择怎样的风格，随心而住。自己独往，又或二三知己相伴，都是佳事。

8. 枣庄微山湖古镇逸荷雅舍——荷韵主题客栈

逸荷雅舍客栈是一座典型的明清风格的"六合同春"式四合院。依傍着清澈透明的流水，掩映于寂静古朴的亭台楼榭中，满溢着荷香与文化的韵味。在院中的躺椅上仰对雕梁画栋映衬下的蓝蓝星空，时间也会流淌得慢些。待到冬雪相邀，素白的世界唯有雕梁画栋成为天地间的一抹亮色，知音知己共饮一壶热茶，坐在厅堂中，感受院落的文化传承和相惜的情谊，许是对"此时此刻难为情"最好的写照。房内的荷花主题，古朴淡雅，虽有现代设施的融合，却也好似回到了民国时代，那个中西文化碰撞又相互融合的岁月。

9. 淄川太河镇上端士村

这里是个石头的世界。数百年历史的石头房子，贯穿于村庄各个角落的石板路，用石头制作的精巧的生活用具，让人感慨笨拙的石头也能丰富多彩。千姿百态的石头文化，淳朴浓厚的民俗风情，这些都是上端士村的独特气质。让人称奇的是，这些石头形状规则，中间不用任何黏合剂，只需在屋子里面四周墙壁上抹上一层观音土，便密不透风。用这种土抹墙，不会干裂。粗犷而不失轻巧的门楼。典型的北方民居。村子里古老的石碾。碾过黄豆，碾过时光。这里的民宿建设刚开始起步，随着古村落旅游业的发展，交通和基础设施也随之跟上步伐。在上端士村，没有商业的叫卖，只有村民们最淳朴的笑容和最质朴的鲁地民居。

10. 枣庄台儿庄古城新子客栈

开门见山，古朴的鲁地装修风格，于大气中透着精细。走进院中，景色古意盎然，这些古香古色的砖瓦房屋，散发出迷人的气息。月光下，水面如镜，周围的气息似是凝固，形成小桥流水人家的风情画卷。河水与古桥相亲，古桥与亭台相连，亭台与古树相依，古树与花草相伴，古朴、和谐、充满情趣的水乡风光尽收眼底。夜色灯影相映成趣，拥清风明月，拥一夜好梦。新子家以鲁南民俗文化为主题，以鲁南民间早年的火炕装修风格为主。房间内设地暖，标间和大床房相结合，是特色中高档客栈。

6.4 培育乡村旅游大品牌

乡村旅游的发展，已经不是简单的农家乐和一家一户的采摘所能够解决的，作为现代农业和休闲旅游业密切结合第一、第三产业高度融合的新产业模式，必须走标准化管理、特色化建设、规模化组织、专业化经营、精细化生产、亲情化服务的路径，而实现或者达到"六个化"要求的前提，是形成个性鲜明、优势独具的乡村旅游产品品牌。

从"好客山东"品牌的巨大成功，可以看到品牌无可替代的价值和力量。所以山东乡村旅游的发展，十分有必要形成具有独特竞争优势的品牌体系。乡村是中国文化之根，是中华文化起源和长期传承发展的载体和主体空间，山东作为我国古代农业的重要起源地和长期的农业大省，乡村旅游的发展必须坚持传统农业文化传承和现代产业发展并行不悖的路径，乡村旅游品牌要既能体现齐鲁文化的博大内涵，又能展示各市地域文化的独特魅力，还能反映现代市场对乡村旅游产品多样化的需求。山东省乡村旅游发展风生水起、四面开花，但在品牌营销、线路推介等方面还处在单打独斗、各自为战的初始阶段，没有形成捆绑营销式的抱团取暖。

6.4.1 "齐鲁乡村逍遥游"品牌构建

就全省大的产品空间来分析，"山水圣人文化游、黄金海岸休闲游"两大产品体系已经十分成熟，进一步确定"齐鲁乡村逍遥游"作为山东乡村旅游总品牌亦可谓水到渠成，"齐鲁乡村"确定了山东地域文化的指向，村是中国古代文化产生的源头和古人生活的聚落形态，乡村风貌、乡村风情、乡村生产、乡村生活是乡村旅游的主要构成元素，而"逍遥游"反映了乡村旅游的精神实质和文化取向，体现了遵循自然规律、顺应自然、与自然和谐，"天地与我并生，而万物与我为一"的境界。"齐鲁乡村逍遥游"将以"记忆乡村、回归田野、陶冶身心、放飞梦想"为宗旨，构成山东乡村旅游产品的品牌系统。

山东作为我国主要的农业大省，山海河湖优美，田园风光秀丽，乡村文化多样，地域特色分明，农业物产丰饶，乡村景观各异。分析各地优势，必须要走差异化的路子，从地域文化的构成上，形成鲜明的地域环境指向；从品牌系列的个性上，处处体现好客之乡的人文关怀。"家"是中国传统文化中人的心灵空间，乡村旅游的实质就是下乡和回家，所以在品牌设想上可以形成"齐鲁乡村逍遥游"总体品牌统领下的"十家"子品牌系列,打造完整的乡村旅游产品体系和覆盖全省的乡村旅游产品空间,构建十个子品牌。

1. 胶东渔家

作为山东海滨乡村游的主打品牌,以滨海渔村为主体,滨海环境为载体,渔家风情为特色,住渔家民宿,沐海风、亲海水、游海滨、食海鲜,做一天渔民织一天网,当一天渔夫下一次海。

2. 沂蒙人家

以浓郁的沂蒙亲情为优势,以沂蒙山乡景观为特色,以"红色沂蒙"为亮点,走进沂蒙腹地、红嫂家乡,领略群岗争辉的美景,重走转战沂蒙的征途,食野菜、饮泉水、摘山果、住石屋,体验鱼水真情,享受绿色生活。

3. 水浒人家

依托水浒文化分布的各县市,挖掘整理大量的水浒文化民间传说,突出水浒文化内涵,重点营造好客之风、忠义之德、江湖之奇、传说之美,草篱茅舍、市井风情,体验大碗喝酒、大块吃肉的好汉遗风。

4. 运河人家

运河通水复航,为重现当年"商贾云集、百业兴隆、帆樯如林、舳舻相接、车马络绎"的繁荣景象提供了基础。运河贯穿山东西部六个市,沿岸乡村旅游产品开发的重点在营造运河文化氛围,以运河古镇古村为载体、运河小吃为特色、运河古船为工具、运河传奇为优势,形成北方少有的水乡旅游体验。

5. 黄河人家

黄河流经山东主要的平原农业区,大河奔流东去,沿途粮棉果菜农产丰富,黄河风情浓郁。从万亩滩区到大河入海口,依托黄河文化,展示黄河风情,观赏大河风光,打造黄河果园采摘、黄河故道休闲、沿黄自驾乡村游、黄河人家体验等个性化产品,构建最千里沿黄乡村风情带。

6. 泰山人家

泰山是中国民间文化的大观园，其影响范围远远超过中国任何一座名山。泰山人家应当成为最具有山东特色的乡村旅游产品，以泰山平安文化为核心，以山岳文化为特色，以泰山民俗为个性，突出"奇、特、绿、养"等要素，发展高端乡村养生休闲、泰山文化体验、泰山乡村度假等产品，亲手去采女儿茶、自己动手烙煎饼、摘樱桃、养灵芝、捕捞赤鳞鱼，在乡村休闲中体验平安的幸福与快乐。

7. 岛上人家

岛屿旅游是世界上高端旅游产品中最主要的组成部分。海岛乡村游重在其独有性、特色性和高度的参与性。重点要依托海岛优势，以"世外仙境、悠闲海岛"慢生活为方向，提升现有海岛游的品位、层次和质量，发展海岛休闲、渔家度假、海上垂钓，体验海上牧场收获的快乐、参与水下鱼礁采摘的艰辛。

8. 圣地人家

以曲阜为中心的鲁南地区向来有"孔孟之乡、礼仪之邦"的称谓，自古以来成为中国传统礼仪文化保留最为完整的地域。立足当地悠久的乡村传统文化，系统挖掘具有独特习俗的乡村礼俗，打造"圣贤故里、礼仪乡村"旅游产品，推出孔孟之乡过大年、乡村国学课堂、田野论语、中秋赏月之旅等产品。

9. 鲁艺人家

山东是中国重要的民间艺术之乡，大量的文化遗产在乡村保留，形成最具有内涵的乡村文化传统，以"齐鲁乡村记忆"为产品特色，全力发掘年画、剪纸、鲁锦、民歌、秧歌、吕剧等特色文化，全方位打造富有参与特色的民俗艺术旅游产品体系，以体验乡村记忆、学习乡村手艺为特色，形成具有国际市场优势的乡村旅游精品。

10. 湖上船家

山东有北方最大的淡水湖群和众多的湿地,形成具有北方特色和山东韵味的鱼米之乡,湖上的渔民以船为家、依水为生、沿水而行,民风淳厚朴实,形成独有的风景线、风情带和风俗习惯。湖上船家对长期生活在陆地上的人具有无可替代的吸引力,可以住船屋、游水街、吃鱼宴、购水产,观赏湖上婚礼、体验船家风俗。

6.4.2 乡村旅游特色旅游线路品牌打造

乡村是我们文化的源、血脉的根,乡村旅游可以让每一个人在回归自然的宁静中体验生命的价值,在返回乡野的恬淡中接受天地的恩赐,在回到家园的愉悦中享受亲情的快乐。为了更好地推介山东乡村旅游,进一步促进乡村旅游的品牌化发展,必须从单打独斗到集团作战,从单体经营到抱团取暖,以此尽展山东省乡村旅游集群优势。

经过前期策划、论证和实地踩线,2016年9月21日,山东省旅游发展委员会隆重推出10条乡村旅游金光大道(精品线路),包括:乡村田园生态休闲之旅、亲情沂蒙红色人文之旅、渔舟唱晚滨海逍遥之旅、灿烂文化研学修学之旅、慢村慢镇怀旧追忆之旅、民俗风情鉴赏探秘之旅、洞天水色黄河美食之旅、最美乡村赏花采摘之旅、古村古镇美丽乡愁之旅、温泉药膳康体养生之旅。10条乡村旅游精品线路各具特色,每条线路都串联起人文属性相同或相近的乡村旅游点,围绕同一定位,打造特色乡村旅游线路品牌。此外,每条线路都依托一条或几条交通主干道为轴线,既串起了线路中各游玩点,又方便了自驾游游客自由选择,让游客进得来、玩得好、留得住。山东省旅游发展委员会将对乡村旅游精品线路进行线路包装和内容整合,为品牌增加更接近市场的乡村旅游产品。

"乡村田园生态休闲之旅"线路沿省道327,从东到西横贯鲁中山区,为目前省内乡村旅游发展较为密集和成熟的区域,也是平均海拔最高的线路,如图6-1所示。

第6章 新型城镇化背景下山东省乡村旅游优化发展路径 113

图6-1 金光大道第1条:"乡村田园生态休闲之旅"

资料来源:凤凰网山东频道,http://sd.ifeng.com,下同。

"亲情沂蒙红色人文之旅"线路沿省道332/229/336,穿行沂源、沂水、沂南等革命老区、红嫂家乡,一路上既饱眼福口福,又能收获满满的正能量,如图6-2所示。

图6-2 金光大道第2条:"亲情沂蒙红色人文之旅"

"渔舟唱晚滨海逍遥之旅"线路沿省道302,从蓬莱酒庄人家到荣成海草房,有美酒、有鲜果,有沙滩、有天鹅,还有童话般的海草房……如图6-3所示。

图6-3 金光大道第3条:"渔舟唱晚滨海逍遥之旅"

"灿烂文化修学研学之旅"线路沿国道104,访泰山人家,游孔孟之乡,瞻墨子鲁班,一路乡村游学,家事、国事、天下事,事事皆知,如图6-4所示。

"慢村慢镇怀旧追忆之旅"线路以辛泰铁路线为主通道,乘坐山东最慢、穿行隧道最多的7054次绿皮车,开启深度体验齐鲁风土人情的慢村慢镇旅行,如图6-5所示。

"民俗风情鉴赏探秘之旅"线路以省道234为主通道,穿越沂蒙山水之精华,在茂密的森林、洁净的山水、淳朴的民风民俗中修身养性,如图6-6所示。

"洞天水色黄河美食之旅"线路沿着黄河岸堤路款款而行,尽情品尝母亲河滋养的各种美食,尝尽道地佳肴,如图6-7所示。

"最美乡村赏花采摘之旅"线路为国道220线,花前月下、"投桃报李"尽在此线中,如图6-8所示。

第6章　新型城镇化背景下山东省乡村旅游优化发展路径　115

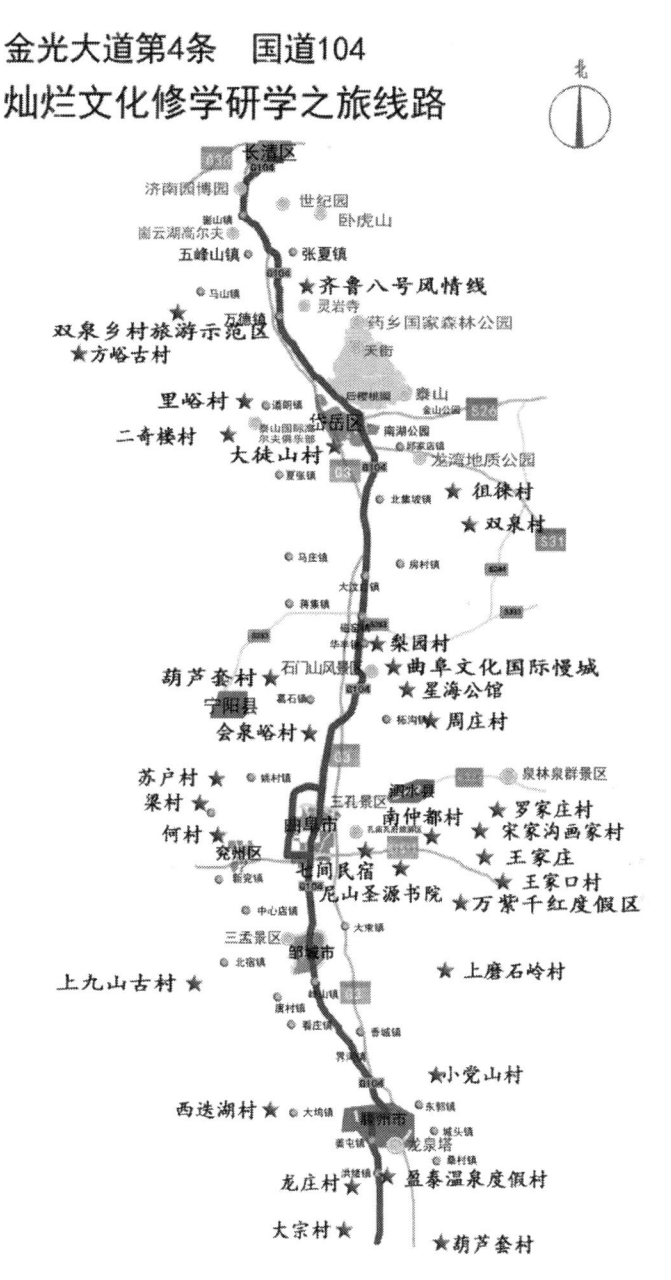

图6-4　金光大道第4条："灿烂文化修学研学之旅"

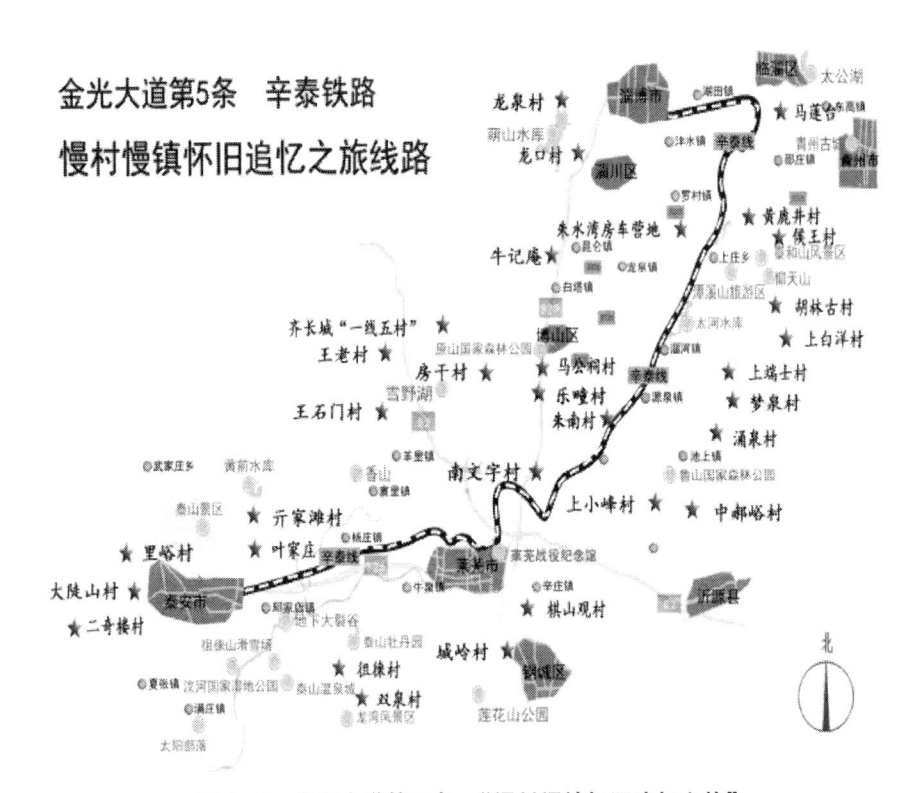

图6-5 金光大道第5条："慢村慢镇怀旧追忆之旅"

第6章 新型城镇化背景下山东省乡村旅游优化发展路径 117

图 6-6 金光大道第 6 条:"民俗风情鉴赏探秘之旅"

"古村古镇美丽乡愁之旅"线路沿省道244,将天下奇观、天下第一崮、天下第一庄等天下大观尽收眼底,开启寻梦之旅,如图6-9所示。

"温泉药膳康体养生之旅"线路沿省道334/293,为日出东方激情之旅,串起黄海沿线,是全省最有活力和最有渔家风情之旅,如图6-10所示。

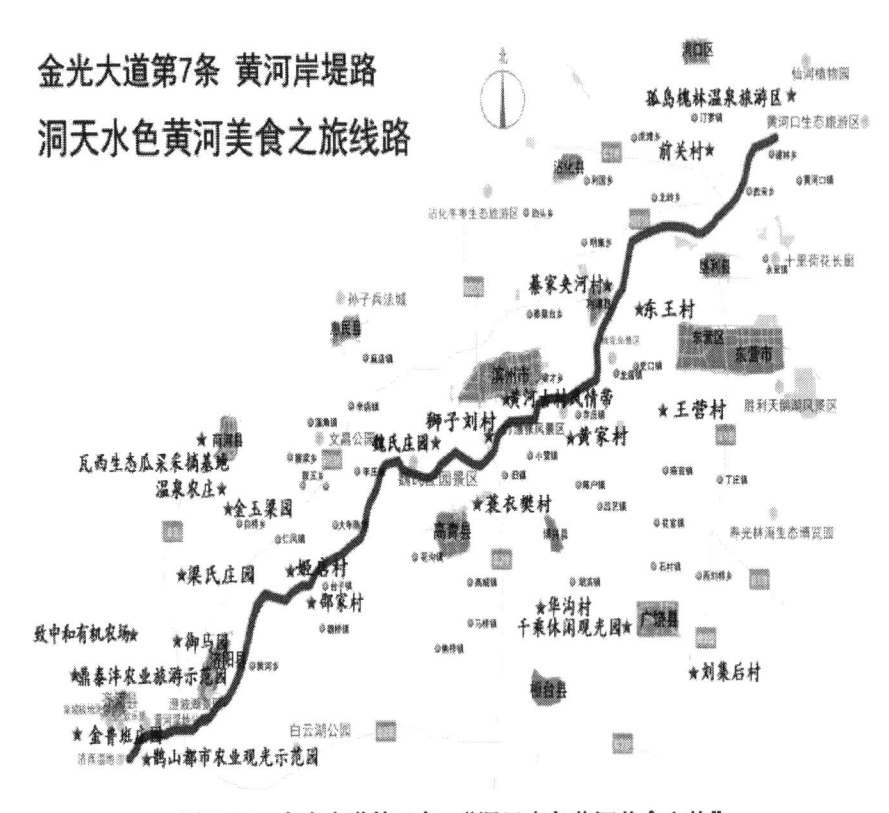

图6-7 金光大道第7条:"洞天水色黄河美食之旅"

第6章 新型城镇化背景下山东省乡村旅游优化发展路径　119

图6-8　金光大道第8条："最美乡村赏花采摘之旅"

图6-9 金光大道第9条:"古镇古村美丽乡愁之旅"

图6-10 金光大道第10条:"温泉药膳康体养生之旅"

6.5 "互联网+"让乡村旅游更智慧

6.5.1 拥抱"互联网+",打造"智慧乡村"

（1）互联网能够让游客体验到更贴心的旅游服务，就是当游客到了乡村，其实很多细节他是不太知道的，如果利用互联网，把乡村旅游智慧化，游客能通过 APP 或者微信平台清楚了解到，在哪个地方停车；哪个地方有厕所；哪个地方可以去体验什么样的活动和项目；哪个地方住；哪个地方吃，游客就会觉得很有意思，同时能体验到更贴心的服务。

（2）互联网让乡村拥有更广阔的市场空间，现在实际上特别提倡的就是农产品的直销，也就是利用互联网把农产品直接送到消费者的手里，能够省去中间商一些非常不合理的差价，对于乡村经济本身来讲都是非常好的事情。

（3）互联网让乡村吸引旅游创客成为可能，没有互联网，吸引创客很难，创客会觉得在这个地方不太方便，觉得跟世界可能要失去联系，不愿意到这个地方来，如果这个地方智慧旅游做得很好，智慧乡村，创客们是很愿意来的。另外，互联网让乡村旅游平台放大 4~5 倍，品牌可以在互联网时代一夜之间形成。

（4）互联网让乡村的旅游管理更加的科学。如果构建互联网的这样一个平台，就能够通过这个平台对乡村旅游里面的产品、项目还有我们的产业要素进行合理的管理、收集、分析大数据，从而进行管理、进行营销，打造智慧乡村。

另外，互联网还有一个很重要的功能，就是利用互联网进行众酬，解决旅游发展基金问题。只要你的点子够好，能够把项目说的吸引人，那就可以众酬到资金。大地乡居通过百度旗下的多彩投进行众酬（目标是 200 万元），十几天的时间，已经筹到了 110 多万元，已经完成了 56%。这就是互联网能够带给乡村的一些东西，通过互联网可以让乡村更智慧。

6.5.2　智慧旅游的三个层面

智慧旅游，也被称为智能旅游。就是利用云计算、物联网等新技术，通过互联网/移动互联网，借助便携的终端上网设备，主动感知旅游资源、旅游经济、旅游活动、旅游者等方面的信息，及时发布，让人们能够及时了解这些信息，及时安排和调整工作与旅游计划，从而达到对各类旅游信息的智能感知、方便利用的效果。

智慧旅游的建设与发展最终将体现在旅游管理、旅游服务和旅游营销的三个层面。

1. 服务智慧

智慧旅游从游客出发，通过信息技术提升旅游体验和旅游品质。游客在旅游信息获取、旅游计划决策、旅游产品预订支付、享受旅游和回顾评价旅游的整个过程中都能感受到智慧旅游带来的全新服务体验。

智慧旅游通过科学的信息组织和呈现形式让游客方便快捷的获取旅游信息，帮助游客更好地安排旅游计划并形成旅游决策。

智慧旅游通过基于物联网、无线技术、定位和监控技术，实现信息的传递和实时交换，让游客的旅游过程更顺畅，提升旅游的舒适度和满意度，为游客带来更好的旅游安全保障和旅游品质保障。

智慧旅游还将推动传统的旅游消费方式向现代的旅游消费方式转变，并引导游客产生新的旅游习惯，创造新的旅游文化。

2. 管理智慧

智慧旅游将实现传统旅游管理方式向现代管理方式转变。通过信息技术，可以及时准确地掌握游客的旅游活动信息和旅游企业的经营信息，实现旅游行业监管从传统的被动处理、事后管理向过程管理和实时管理转变。

智慧旅游将通过与公安、交通、工商、卫生、质检等部门形成信息共享和协作联动，结合旅游信息数据形成旅游预测预警机制，提高应急管理能力，保障旅游安全。实现对旅游投诉以及旅游质量问题的有效处理，维护旅游市场秩序。

智慧旅游依托信息技术，主动获取游客信息，形成游客数据积累和分析体系，全面了解游客的需求变化、意见建议以及旅游企业的相关信息，实现科学决策和科学管理。

智慧旅游还鼓励和支持旅游企业广泛运用信息技术，改善经营流程，提高管理水平，提升产品和服务竞争力，增强游客、旅游资源、旅游企业和旅游主管部门之间的互动，高效整合旅游资源，推动旅游产业整体发展。

3. 营销智慧

智慧旅游通过旅游舆情监控和数据分析，挖掘旅游热点和游客兴趣点，引导旅游企业策划对应的旅游产品，制定对应的营销主题，从而推动旅游行业的产品创新和营销创新。

智慧旅游通过量化分析和判断营销渠道，筛选效果明显、可以长期合作的营销渠道。

智慧旅游还充分利用新媒体传播特性，吸引游客主动参与旅游的传播和营销，并通过积累游客数据和旅游产品消费数据，逐步形成自媒体营销平台。

6.5.3 "智慧乡村"打造措施

1. 建设乡村旅游移动客户端

通过下载移动客户端，游客可以轻松获得旅游前、旅游中、旅游后的各类信息服务，并且根据个人喜好直接在手机上订制自己的旅游行程，包括旅游路线规划、乡村自驾车旅游一卡通、智能导航、农家乐预订、土特产购买、农事活动预订、交通选择等服务；同时，移动客户端还可以随时随地为游客提供乡村自驾车路线图下载、语音导航导游、旅游优惠券、电子书、电子报等各类服务。在此基础上，可以构建旅游要素产品系列化的平台，构建我们乡村旅游大数据，通过大数据，再精准营销，流量监控，应急处理，以及运营调度、业态管理、食品安全的方面，我们都能够进行有效地管理。

2. 设立乡村旅游官方微博

通过不断更新日志，定时发送各类与山东省乡村旅游有关的信息，关注旅游业界知名博主、其他乡村旅游官方微博、具有较高知名度的相关人士和社会热点话题，加强与粉丝的互动，分享乡村旅游的美景照片、视频，直播乡村旅游的各类节庆活动和重大事件，让乡村旅游在网上"动起来"。

3. 开通乡村旅游公众微信平台

利用微信平台发布与乡村旅游有关的促销信息，设置奖项或礼品、折扣等来鼓励微信用户将参与乡村旅游活动的照片分享到朋友圈；游客只要在手机微信上关注山东乡村旅游公众号，就可以获得与山东乡村旅游相关的信息和帮助；通过注册用户名，游客可以在乡村旅游信息系统中进行个人信息的编辑、查询和使用，制定旅游行程，预订酒店，累计消费积分，查询当地天气，报名参加各类乡村体验活动和节庆活动等。

6.6 乡村旅游运营管理模式创新

一般来说，开发初期，开发建设投入较大，特别是公共空间环境和资源开发建设需要较大的投入，旅游效益不甚明朗，农民参与开发经营的积极性和能力不高，加之从业人员素质较低，经营管理经验不足，这个时期一般需要政府来投入、引导、推动与管理，政府投入主要指开发规划、公共设施建设、公共环境改善、宣传促销、从业人员培训等方面，通过引进专业经营公司进行示范，以带动和引导农民的经营，同时通过制定一些有关的政策和法规来引导和规范乡村旅游的开发与经营活动，这个时期乡村旅游的运营主体主要包括少数较大企业和一部分农民家庭经营单位，政府在整个乡村旅游运营管理中起着主导作用。随着一段时间的科学开发与探索，积累了一定的经营管理经验，旅游效益逐渐明朗，农民参与开发经营的意识、积极性及能力逐渐提高，农村自组织和经营者自律能力逐渐增强，这时乡村旅游的运营以少数较大企业和大量农民家庭经营为主体，以乡村自组织管理为主，政府的管理职能逐渐弱化，欧美乡村旅游发达的国家和地区目前基本上属于这种运营管理模式。

山东省乡村旅游发展必须在合理规划的基础上，因地制宜，提出合理的运营与管理模式和方案。

6.6.1 运营模式

鼓励支持以农民家庭为主体，开展自主经营、联户经营等多种形式的乡村旅游；鼓励各地按照农民自愿的原则，组建乡村旅游专业合作社。具体模式如下：

1. 公司自主经营

政府授权对市场前景良好、开发条件优越、产权归属清晰的项目进行全面投资和开发建设，包括重点项目和公益项目，实施独家经营。

2. 农户自主经营

农家乐、农耕园和景观大田等有社区居民较多参与的经营项目，多属于农户对自己拥有的资源进行自主经营。农户经营要遵守编制的控制性规划，避免盲目开发、重复建设和低层次竞争。

3. 合作社经营

政府应出台相关政策，引导农民由分散经营、各自为政转向规模经营、合作互助，对旅游合作社给予资金支持。以旅游专业合作社形式，农民以房屋使用权，或者以土地使用权入股，交给合作社委托专业公司经营，从而获得经营性收入之外更高的资产性收益，突破传统"农家乐"的赢利模式，为乡村旅游的发展带来了全新的理念和充足的资金，极大地提升了乡村旅游接待的品质，增加了乡村旅游业的附加值。与单个农户经营方式相比，旅游合作社具有规模经营优势，资金实力强，接待规模大，抗风险能力强，可以产生较好的经济效益。

4. 公司农户联营

涉及农户利益的较大规模的开发项目，可通过引进有经济实力和市场经营能力的企业，进行公共基础设施建设和环境改善，指导居民开发住宿、餐饮接待设施，组织村民开展民俗风情、文化旅游活动，形成具有浓郁特色和吸引力的乡村旅游产品，吸引和招徕旅游者。

6.6.2 多元化融资模式

充足的资金投入，是旅游发展的根本保障。近年来，山东省乡村旅游产业投融资规模明显扩大，投资主体趋向多元化，融资形式和融资渠道趋向多元化。政府多渠道投资将大大促进乡村旅游发展，优惠政策和投资环境优化将吸引企业规模投资，乡村旅游组织化程度的提升将增强融资能力，乡村土地使用权和房屋使用权流转制度的不断完善将为乡村旅游融资开辟新空间，促进乡村旅游产业升级和新业态发展。因此，应按照政府主导型的发展方针和市场对资源配置起基础性作用相结合的原则，建立多元化融资机制，实现投资主体多元化、投资方式灵活化、投资渠道多样化。

1. 争取政府资金和优惠政策投入

积极争取政府资金和优惠政策投入，发挥政府投资的引导和带动作用。政府资金投入形式多样，如财政补贴、扶贫项目、政府奖励等。许多乡村旅游项目前期需要一定的资金投入，用于山体生态修复、水体环境改造、供水供电、安全保障、道路交通等基础设施建设，需要积极申请县、市两级财政资金注入。

2. 积极引导社会资本投入

政府部门应放宽政策限制、减少审批程序，简化审批手续，按照"谁投资、谁受益"的原则，对特色产业、生态补偿等关系乡村旅游发展领域进行引导性投入，吸引民间资金、外来资金以各种形式投向乡村旅游业，形成了"百川汇流融天下，乡村旅游'不差钱'"的良性资金引入局面。

3. 复合投资

乡村旅游项目启动之初，由政府投资基础设施建设，为企业投资开辟道路，吸引企业进行较大规模投资，并输入乡村旅游项目所需要的技术和管理。政府投资出自市财政和区政府的农业项目投入、新农村改造项目投入和免交市政费等，这些资金主要用于基础设施建设和公益景区开发。复合投资项目既有政府支持农业和新农村改造的投资，也有大量的社会投资，政府投资是前导，社会投资是主力，是典型的"政府主导，企业主力，市场运作"投资模式。其中来自企业的投资既有权益融资，也有农民分散的股权融资。

4. 权益融资

村民散户或村庄集体出让土地使用权，并一次性或多次性向受让方，即旅游经营户或旅游开发企业收取土地租赁费。之所以称为"权益融资"，是区别于"股权融资"，农民或村庄放弃对土地的使用权、经营权和经营所得，以得到租赁费为补偿，同时为地方争取到企业对乡村旅游的投资。权益融资是以优势资源引进优势资本，以旅游融资带动区域经济发展的有效路径，对增加政府税收，促进农民增收，解决农民就业，具有积极作用。

5. 股权融资

村民散户或村庄集体出让土地使用权，换取企业的投资或者包括资金、技术和品牌"一篮子"投资，出让方和受让方依据土地使用权和投资分配股权。"股权融资"区别于"权益融资"，农民或村庄放弃对土地的使用权、经营权和经营所得，并不以租赁费为补偿，而是集体占有旅游企业的部分股权，甚至控股，参与经营和分红。股权融资有助于构建合作机制，使企业与村民的双方博弈变为政府、企业、村民的三方合作。企业负责投资，获得回报；村民利用资源，取得收益，解决就业；政府的角色是监管、规划、服务和制度设计。

6. 社会集资

成立乡村旅游合作组织，可以以房屋使用权、土地使用权等入股，交给合作社委托专业公司经营，从而获得经营性收入之外更高的资产性收益。与个体经营方式相比，农民旅游合作社体现出了规模经营的优势，招商引资的实力明显增强。所有村民均可参与旅游开发并按贡献大小进行分配。村旅游管理小组由全体村民选举产生，负责旅游接待的组织管理。管理和分配制度也是在乡村旅游发展过程中经过村民反复讨论逐步制定和完善的，形成"协会+农户"模式。按"人人有责，各尽其才"的原则，动员全体村民参与旅游管理、接待和文化传承。

7. 贴息贷款

个体经营者、合作组织或企业为发展乡村旅游从商业银行贷款，政府为了支持本地乡村旅游产业发展，可以利用财政经费为其支付50%~100%的贷款利息，减轻企业负担。

8. 小额贷款

个体经营者、合作组织或中小企业为发展乡村旅游从村镇银行、农村资金互助社和小额贷款公司等处获得贷款。政府出面可以促进银行可以为乡村旅游生产经营者及"农家乐"投资业主提供贷款，缓解乡村旅游资金短缺问题，构建"乡村旅游发展"投融资的长效机制。

6.6.3 强化乡村旅游政策制度保障

中国大部分典型的乡村旅游基本上处于开发探索期，为确保乡村旅游的健康有序发展，需要有关政策法规及制度进行规范、引导、扶持与推动，总体上包括激励性和约束性两个方面的政策和制度。

激励性政策包括有关投资、财政、金融、税费、土地等优惠政策，通过出台这些政策以降低乡村旅游开发与经营的成本与风险，鼓励和吸引农民和有关企业积极参与乡村旅游开发与经营。约束性法规与制度包括有关标准以及旅游市场秩序管理条例，通过这些标准和制度的研制与颁布，以规范乡村旅游中游览、交通、住宿、餐饮、购物等有关服务，保护乡村旅游资源环境和市场环境，促进乡村旅游的可持续健康发展。

6.7 推动乡村旅游标准升级

山东省乡村旅游发展有硬件建设落后的因素，但更多的是服务质量不高、缺乏特色、文化底蕴发掘不够、服务意识淡薄、规范化程度低等软件问题。注重用标准化建设提升乡村旅游产品品质，"标准化"解决乡村游发展困局。

为规范乡村旅游经营与发展，山东省旅游局应在全面调研的基础上，多角度、多方位制定乡村旅游地方标准，以标准化的全新产业管理和促进理念及措施，实现乡村旅游从传统民俗村（户）向现代特色化、从初级观光向高级休闲、从同质化向差异化、从单体经营向产业集群的转变，推动山东乡村旅游的升级换代。

为全面提升山东省乡村旅游服务质量，山东省旅游局已经着手组织专家编制《好客山东乡村旅游服务规范》，从游客的旅游需求入手，实现无缝隙对接，切实满足游客需求，并将作为今后评定乡村旅游产业发展的重要依据，实行一票否决制。今后，应尽快出台采摘园服务、开心农场服务、农家民俗博物馆服务等地方标准。

6.8 结　　语

新型城镇化是现代化的必由之路，是解决"三农"，即农业、农村、农民问题的重要途径，也是乡村旅游发展的有力支撑。在新型城镇化快速发展和旅游消费需求日益旺盛的背景下，乡村旅游呈现了蓬勃发展的态势。乡村旅游是新常态下旅游业和乡村经济发展新的增长点，也是推动乡村城镇化的重要动力。大力发展乡村旅游，妥善推进乡村城镇化，是有效解决"三农"问题，破解城乡二元结构，实现城乡互补协调和一体化发展的有效途径，是传承乡村文化，优化产业结构，促进乡村转型发展和农民就业增收的重要手段，也是有效满足旅游市场需求，提高旅游发展水平的重要标志。因而，大力发展乡村旅游，科学引导乡村地域城镇化，是中国新型城镇化和乡村经济社会发展的重大现实需求和重要科学命题。

城镇化进程的加快在带动乡村旅游发展的同时，产生了一些值得反思的理论问题和亟待破解的现实困境。随着乡村旅游的发展及其理论研究的加强，国内学者已在乡村旅游的概念界定、乡村旅游规划与产品开发、乡村旅游感知与行为、乡村旅游影响、乡村旅游文化保护、乡村旅游土地利用、乡村旅游利益相关者与社区参与、乡村旅游与社会主义新农村建设、乡村旅游发展路径与模式、乡村旅游可持续发展等方面取得了较为丰富的理论研究成果。通过审视和反思新型城镇化背景下乡村旅游发展的理论与实践问题，围绕新型城镇化与乡村旅游协调发展，提出乡村旅游研究的主要科学问题和理论创新及困境突破思路。伴随着中国新型工业化、城镇化、信息化、农业现代化和绿色化发展，城乡一体化和乡村城镇化、产业化的倾向将日趋明显，乡村旅游作为新常态下乡村经济发展新的增长点和有效解决"三农"问题，促进乡村转型升级和乡村城镇化的重要支撑产业，其理论研究也将面临诸多更加复杂的科学问题。如何通过乡村旅游提质增效升级，引导具备条件的乡村走以旅游为导向的中国特色新型城镇化道路，实现城乡旅游互补和协调发展，既是国家和区域发展的重大战略需求，也是旅游地理学与乡村地理学面临的挑战机遇和重要研究方向。本书以山东省为例，对新型城镇化背景下的乡村旅游发展进行反思，通过深化理论研究和强化实践应用，指导乡村旅游突破困境。

参 考 文 献

[1] 郭焕成、韩非:《中国乡村旅游发展综述》,载于《地理科学进展》2010年第29期,第1597~1605页。

[2] 张祖群:《当前国内外乡村旅游研究展望》,载于《中国农学通报》2014年第30期,第307~314页。

[3] 陆林、葛敬炳:《旅游城市化研究进展及启示》,载于《地理研究》2006年第25期,第741~749页。

[4] 刘彦随、刘玉、翟荣新:《中国农村空心化的地理学研究与整治实践》,载于《地理学报》2009年第64期,第1193~1202页。

[5] 郑承庆、罗萍萍、吴声怡:《城镇化进程中乡村文化保护与开发的困境与出路》,载于《重庆工商大学学报:西部论坛》2008年第18期,第27~29和88页。

[6] 池静、崔凤军:《乡村旅游地发展过程中的"公地悲剧"研究:以杭州梅家坞、龙坞茶村、山沟沟景区为例》,载于《旅游学刊》2006年第21期,第17~23页。

[7] 黄震方、黄睿:《基于人地关系的旅游地理学理论透视与学术创新》,载于《地理研究》2015年第34期,第15~26页。

[8] 黄震方、俞肇元、黄振林等:《主题型文化旅游区的阶段性演进及其驱动机制研究:以无锡灵山景区为例》,载于《地理学报》2011年第66期,第831~841页。

[9] 杨世河、章锦河、王浩:《城乡旅游一体化研究》,载于《经济地理》2008年第28期,第142~146页。

[10] 郭文、王丽、黄震方:《旅游空间生产及社区居民体验研究:江南水乡周庄古镇案例》,载于《旅游学刊》2012年第27期,第28~38页。

[11] 黄剑锋、陆林：《空间生产视角下的旅游地空间研究范式转型：基于空间涌现性的空间研究新范式》，载于《地理科学》2015年第35期，第47~55页。

[12] 孙九霞：《守土与乡村社区旅游参与：农民在社区旅游中的参与状态及成因》，载于《地理研究》2006年第32期，第59~65页。

[13] 黄震方、陆林：《新型城镇化背景下的乡村旅游发展——理论反思与困境突破》，载于《地理研究》2015年第8期，第1409~1421页。

[14] 孙九霞、保继刚：《旅游发展与傣族园社区的乡村都市化》，载于《中南民族大学学报》（人文社会科学版），2006年第26期，第40~44页。

[15] 徐洁、华钢、胡平：《城市化水平与旅游发展之关系初探：基于我国改革开放三十年的时间序列动态计量分析》，载于《人文地理》2010年第25期，第85~90页。

[16] 吴必虎：《乡村旅游发展的新机遇》，载于《中国旅游报》2014年2月12日。

[17] 王云才、郭换成：《乡村旅游规划原理方法》，科学出版社2006年版。

[18] 邹统钎：《乡村旅游推动新农村建设的模式与政策取向》，载于《福建农林大学学报》（哲学社会科学版）2008年第3期，第32~35页。

[19] 戴光全：《乡村旅游开发中农业景观特质性保护研究》，载于《旅游学刊》2012年第8期，第104~105页。

[20] 马少春、黄继元：《民族地区乡村旅游开发中土地流转问题剖析》，载于《第十五届全国区域旅游开发学术研讨会暨度假旅游论坛论文集》，四川大学出版社2012年版。

[21] 黄华、王杜春：《基于土地流转的黑龙江省乡村旅游资源开发模式探讨》，载于《黑龙江对外经贸》2009年第1期，第22~26页。

[22] 梅燕、肖晓：《基于土地流转新政策的乡村旅游发展研究》，载于《安徽农业科学》2009年第24期，第23~25页。

[23] 王德刚：《土地整合战略——乡村旅游土地流转模式研究》，山东大学出版社2010年版。

[24] 郭凌：《乡村旅游开发中土地流转问题研究》，载于《西北农林科技大学学报》2009年第9期，第86~89页。

[25] 王薇：《基于土地流转的乡村旅游发展研究》，载于《安徽农业科学》2010年第24期，第3409~3413页。

[26] 张怡康：《城乡统筹下乡村旅游用地流转的实践与思考》，载于《科技信息》2012年第4期，第452~453页。

[27] 陈斌：《义乌美丽乡村建设中农家乐转型升级的思考》，载于《新农村》2012年第6期，第10~11页。

[28] 赵承华：《中国乡村旅游发展中的土地经营权流转问题及对策研究》，载于《世界农业》2009年第8期，第34~35页。

[29] 夏爱萍、马朝洪：《对四川乡村生态旅游转型升级的探讨》，载于《四川林业科技》2011年第6期，第95~96页。

[30] 石艳：《基于价值链理论的山东省旅游小镇发展模式研究》，载于《山东财政学院学报》2013年第4期，第82~87页。

[31] 李柏文：《旅游城镇：统一性与矛盾性的统一体》，载于《旅游研究》2010年第9期，第39~43页。

[32] 迈克尔·波特：《竞争优势》，华夏出版社2005年版。

[33] 卞显红：《江浙古镇保护与旅游开发模式比较》，载于《城市问题》2010年第12期，第50~55页。

[34] 李柏文：《中国旅游城镇化模式与发展战略研究》，载于《小城镇建设》2012年第6期，第14~19页。

[35] 黄金火：《资源型城镇旅游发展模式与对策研究》，载于《西北大学学报》(自然科学版)2005年第6期，第811~814页。

[36] 毛长义：《旅游依托型小城镇与景区联动开发初探》，载于《乡镇经济》2007年第8期，第31~35页。

[37] 周诚：《关于我国农地转非自然增值分配理论的新思考》，载于《农业经济问题》2006年第12期，第55~56页。

[38] 鲍海君：《城乡征地增值收益分配：农民的反应与均衡路径》，载于《中国土地科学》2009年第7期，第32~36页。

[39] 背景绿维创景规划设计院课题组：《旅游引导的新型城镇化》，中国旅游出版社2013年版。

[40] 郭凌：《乡村旅游开发中土地流转问题研究》，载于《西北农林科技大学学报》（社会科学版）2009 年第 9 期，第 89~90 页。

[41] 郭文、黄震方：《乡村旅游开发背景下社区权能发展研究——基于对云南傣族园和雨崩社区两种典型案例的调查》，载于《旅游学刊》2011 年第 11 期，第 86~89 页。

[42] 左冰、保继刚：《制度增权：社区参与旅游发展之土地权利变革》，载于《旅游学刊》2012 年第 2 期，第 23~26 页。

[43] 胡晓琴：《乡村旅游开发中违法用地问题的经济学分析》，载于《农村经济与科技》2010 年第 21 期，第 105~108 页。

[44] 梅燕、肖晓：《基于土地流转新政策的乡村旅游发展研究》，载于《安徽农业科学》2009 年第 37 期，第 11796~11797 页。

[45] 孙源：《云南农村土地利用与乡村旅游联动研究》，云南财经大学硕士论文，2011 年。

[46] 王德刚：《乡村生态旅游开发与管理》，山东大学出版社 2010 年版。

[47] 尤海涛：《乡村旅游的本质回归：乡村性的认知与保护》，载于《中国人口资源与环境》2012 年第 9 期，第 158~162 页。

[48] 林刚、石培基：《关于乡村旅游概念的认识——基于对 20 个乡村旅游概念的定量分析》，载于《开发研究》2006 年第 6 期，第 72~73 页。

[49] 邹统钎：《乡村旅游发展的围城效应与对策》，载于《旅游学刊》2006 年第 21 期，第 8 页。

[50] 冯淑华、沙润：《乡村旅游的乡村性测评模型——以江西婺源为例》，载于《地理研究》2007 年第 26 期，第 616 页。

[51] 何景明、李立华：《关于"乡村旅游"概念的探讨》，载于《西南师范大学学报》2002 年第 28 期，第 125~128 页。

[52] 左晓斯：《可持续乡村旅游研究——基于社会建构论的视角》，社会科学文献出版社 2010 年版。

[53] 张文祥：《阳朔乡村旅游国内外游客需求分析的启示》，载于《旅游学刊》2006 年第 21 期，第 11 页。

[54] 刘昌雪、汪德根：《苏州乡村旅游客源市场特征及开发对

策》，载于《资源开发与市场》2008年第24期，第370~372页。

［55］王兵、罗振鹏、郝四平：《对北京郊区乡村旅游发展现状的调查研究》，载于《旅游学刊》2006年第21期，第64~66页。

［56］马波：《中国旅游业转型发展的若干重要问题》，载于《旅游学刊》2007年第22期，第13~14页。

［57］新华网：《高层9天4次提"供给侧改革"需求供给两手抓》，http：//news.xinhuanet.com/finance/2015 – 11/26/c_128469572.htm，2015 – 11 – 26。

［58］魏翔：《"供给侧改革"旅游业作用巨大》，载于《中国旅游报》，2015年12月25日。

［59］洪清华：《"供给侧改革"将给旅游业带来巨大红利》，http：//science.china.com.cn，2015年12月11日。

［60］徐晓磊：《供给侧改革或将彻底重构中国旅游业》，http：//mt.sohu.com 2015年12月3日。

［61］厉新建：《旅游业应做供给侧改革的排头兵》，载于《中国旅游报》2016年1月4日。

［62］中国经济网：《2014在线旅游投资持续升温 融资规模达到300亿元》，http：//travel.ce.cn/gdtj/201505/15/t20150515_2512010.shtml，2015年5月15日。

［63］耿选珍：《乡村旅游的异化及本质回归》，载于《农业经济》2014年第6期第84~85页。

［64］吴巧红：《后现代视角下的乡村旅游》，载于《旅游学刊》2014年第8期第7~9页。

［65］余兵：《提升我国乡村旅游竞争力路径研究》，载于《农业经济》2015年第2期第70~71页。

［66］魏小安：《从供给侧改革看中国旅游产业结构调整》，载于《中国旅游报》2015年12月28日。

［67］陈斌：《旅游业供给侧结构性改革应从市场需求入手》，载于《中国青年报》2015年12月31日。

［68］胡敏：《我国乡村旅游专业合作组织的发展和转型——兼论乡村旅游发展模式的升级》，载于《旅游学刊》2009年第20期，第

70~74 页。

[69] 徐福英、刘涛:《新形势下我国乡村旅游转型与升级研究》,载于《农业经济》2010 年第 2 期,第 93~94 页。

[70] 李玉新、靳乐山:《基于产业协同与城乡统筹的乡村旅游转型路径——以山东省寿光市、蓬莱市、长岛县为例》,载于《哈尔滨商业大学学报》2012 年第 6 期,第 105~111 页。

[71] 郑耀星等:《基于生态文明视角对福建乡村旅游转型升级的思考》,载于《广东农业科学》2013 年第 7 期,第 213~214 页。

[72] 刘战惠:《韶关市乡村旅游产业转型升级的路径与对策》,载于《广东农业科学》2012 年第 3 期,第 180~181 页。

[73] 刘孝蓉:《基于产业融合的传统农业与乡村旅游互动发展模式》,载于《贵州农业科学》2013 年第 41 期,第 219~222 页。

[74] 蒙睿:《乡村旅游发展与西部城镇化的互动关系初探》,载于《人文地理》2002 年第 2 期,第 47~50 页。

[75] 李辉、杨朝继:《论乡村旅游与西部城镇化》,载于《西北民族大学学报》2004 年第 4 期,第 69~70 页。

[76] 孔德林、黄远水:《城郊型乡村旅游发展的影响机制、困境及对策研究——基于城市化影响的视角》,载于《北京第二外国语学院学报》2009 年第 7 期,第 30~35 页。

[77] 宋子千:《以动态的眼光来看待乡村旅游的发展》,载于《旅游学刊》2011 年第 11 期,第 8~9 页。

[78] 马波:《乡村的力量乡民的立场》,载于《旅游学刊》2011 年第 10 期,第 5~6 页。

[79] 何景明、李立华:《关于"乡村旅游"概念的探讨》,载于《西南师范大学学报》(人文社会科学版)2002 年第 28 期,第 125~128 页。

[80] 杨振之、黄葵:《城乡统筹与乡村旅游(第 2 版)》,经济管理出版社 2012 年版。

[81] 安金明:《旅游下乡:城乡统筹与旅游发展的现实选择》,载于《旅游学刊》2011 年第 12 期,第 7~8 页。

[82] 李坚:《关于城乡统筹的乡村旅游发展研究》,载于《商业时

代》2007 年第 22 期，第 97~98 页。

[83] Erik Holm-Petersen：《乡村旅游与小城镇发展》，载于《旅游学刊》2011 年第 12 期，第 5~7 页。

[84] 肖飞：《城市周边旅游村镇建设是实现城乡统筹的重要支撑》，载于《旅游学刊》2011 年第 11 期，第 10~11 页。

[85] 郑群明：《城乡统筹发展应重视乡村旅游的作用》，载于《旅游学刊》2011 年第 12 期，第 11~12 页。

[86] 黄郁成：《乡村旅游开发对促进城乡统筹发展的作用》，载于《旅游学刊》2011 年第 12 期，第 12~13 页。

[87] 汪宇明：《推进城乡统筹提升乡村旅游发展质量》，载于《旅游学刊》2011 年第 10 期，第 6~8 页。

[88] 彭红碧、杨峰：《新型城镇化道路的科学内涵》，载于《理论探索》2010 年第 4 期，第 75~78 页。

[89] 牛文元：《中国新型城市化战略的设计要点》，载于《中国科学院院刊》2009 年第 24 期，第 130~131 页。

[90] 马健：《产业融合论》，南京大学出版社 2006 年版。

[91] 罗明义：《旅游经济分析》，云南大学出版社 2009 年版。

[92] 文伟：《乡村旅游与城镇化建设的可持续发展》，载于《湖北经济学院学报》（人文社会科学版）2006 年第 6 期，第 46~47 页。

[93] 王玉琼、王立新：《小城镇与乡村旅游互动的理论与实证分析》，载于《小城镇建设》2007 年第 12 期，第 69~70 页。

[94] 杨旭：《开发"乡村旅游"势在必行》，载于《旅游学刊》1992 年第 7 期，第 38~41 页。

[95] 邹统钎：《乡村旅游 理论 案例》，载于《旅游学刊》1992 年第 7 期，第 38~41 页。

[96] 林刚、石培基：《关于乡村旅游概念的认识——基于对 20 个乡村旅游概念的定量分析》，载于《开发研究》2006 年第 6 期，第 72~74 页。

[97] 蒋焕洲：《贵州少数民族地区县域旅游业与城镇化互动发展的实证分析——以雷山县为例》，载于《安徽农业科学》2010 年第 32 期，第 18530~18532 页。

[98] 王群:《湖北省乡村旅游与小城镇建设互动发展探析——以长阳县都镇湾镇为例》,载于《农业经济》2012年第4期,第37页。

[99] 邱玉华:《城镇化进程中我国乡村旅游发展的路径选择》,载于《社会主义研究》2012年第1期,第101~104页。

[100] 鲁勇、周正宇:《新型城镇化与旅游发展》,旅游教育出版社2013年版。

[101] 郭文、黄震方:《乡村旅游开发背景下社区权能发展研究——基于对云南傣族园和雨崩社区两种典型案例的调查》,载于《旅游学刊》2011年第12期,第83~92页。

[102] 李月丽:《湖州乡村旅游转型升级的路径选择》,载于《湖州师范大学学报》2012年第10期,第42~45页。

[103] Qian J X, Feng D, Zhu H, "Tourism-driven urbanization in China's small town development: A case study of Zhapo town, 1986-2003", *Habitat International*, 2012, 36 (1): 52-160.

[104] Wu J, Jenerette G D, Buyantuyev A, et al., "Quantifying spatiotemporal patterns of urbanization: The case of the two fast-est growing metropolitan regions in the United States", *Ecological Complexity*, 2011, 8 (1): 1-8.

[105] Echter M., "Entrepreneurial training in developing countries", *Annals of Tourism Rescarch*, 1995, 22 (1): 119-134.

[106] Roback J Wages, "Rents and the quality of life", *Journal of Political Economy*, 1982, 90 (6): 1257-1278.

[107] Green P., "Amenites and community economic development: Strategies for Sustainability", *Journal of Regional Analysisand Policy*, 2001, 31 (2): 61-76.

[108] Wallace Demsetz, "Property Taxation and Local Government Finance", New York: National Tax Association, 2005.

[109] Arie R, Oded L, Ady M., "Rural Tourism in Israel: Service Qualityand Orientation", *Tourism Management*, 2000, 21 (5): 451-459.

[110] Brohman J., "New Directions in Tourism for Third World De-

velopment", *Annals of Tourism Research*, 1996, 23 (1): 48-70.

[111] Sharpley R., "Rural Tourism and the Challenge of TourismDiversification: The Case of Cyprus", *Tourism Management*, 2002, 23 (3): 233-244.

[112] Dernol L A., "About Rural & Farm Tourism", *Tourism RecreationResearch*, 1991, 16 (1): 3-6.

[113] Roberta MacDonald, Lee Jolliffe., "Cultural rural tourism: Evidence from Canada", *Annals of Tourism Research*, 2003, 30 (2): 307-322.

[114] Haven Tang, Eleri Jones., "Local leadership for rural tourism development: A case study of Adventa, Monmouthshire, UK", *Tourism Management Perspectives*, 2012, 10 (4): 28-35.

[115] Zahed Ghaderi, Joan C., "Henderson. Sustainable rural tourism in Iran: A perspective from Hawraman Village," *Tourism Management Perspectives*, 2012, 4-6 (2-3): 47-54.

[116] Yasuo Ohe, Shinichi Kurihara., "Evaluating the complementary relationship between local brandfarm products and rural tourism: Evidence from Japan", *Tourism Management*, 2013, 4 (35): 278-283.

[117] S. Burak, E. Doğan, C. Gazioǧlu, "Impact of urbanization and tourism on coastal environment", *Ocean & Coastal Management*, 2004, 9-10 (47): 515-527.

[118] Marc Antrop., "Landscape change and the urbanization process in Europe", *Landscape and Urban Planning*, 2004, 5 (67): 9-26.